José Wagner Braidotti

Entendendo a Gestão de Ativos (ISO-55001) na Prática

EDITORA CIÊNCIA MODERNA

Entendendo a Gestão de Ativos (ISO-55001) na Prática

Editor: Paulo André P. Marques
Produção Editorial: Dilene Sandes Pessanha
Capa: Daniel Jara
Diagramação: Daniel Jara
Copidesque: Equipe Ciência Moderna

FICHA CATALOGRÁFICA

BRAIDOTTI Junior, José Wagner.

Entendendo a Gestão de Ativos (ISO-55001) na Prática

Rio de Janeiro: Editora Ciência Moderna Ltda., 2020.

1. Finanças e organização
I — Título

ISBN: 978-85-399-1098-4 CDD 658.1

Editora Ciência Moderna Ltda.
R. Alice Figueiredo, 46 – Riachuelo
Rio de Janeiro, RJ – Brasil CEP: 20.950-150
Tel: (21) 2201-6662/ Fax: (21) 2201-6896
E-MAIL: LCM@LCM.COM.BR
WWW.LCM.COM.BR

06/20

Apresentação do Livro "ENTENDENDO A GESTÃO DE ATIVOS (ISO 55001) NA PRÁTICA".

No cenário atual, onde vivemos a 4ª revolução industrial, inteligência artificial com a criação de máquinas inteligentes, mercado altamente competitivo, implementar uma gestão de ativos pode ser a melhor opção. E uma boa gestão de ativos envolve pessoas, mudança de cultura, qualidade dos serviços prestados, satisfação do cliente e do colaborador, melhoria na organização dos processos e eficiência técnica e financeira do negócio. Gerir os ativos de uma empresa é de suma importância, onde temos que dar a devida atenção aos ativos tangíveis e intangíveis, e perceber que ambos agregam valor ao negócio.

Tive o prazer em conhecer o **Engº José Wagner Braidotti Jr.** em 2017, durante um treinamento ministrado por ele sobre "redução de custos na manutenção", e durante o evento fui observando sua conduta e a forma apaixonada de expor sobre o tema gestão da manutenção. Vi que tínhamos muitas oportunidades e desafios para desenvolver outras atividades em conjunto.

Após 3 anos de convivência profissional e de amizade, pude confirmar essa paixão pela causa da manutenção. O **Engº José Wagner Braidotti Jr.** é um incansável disseminador das boas práticas da gestão da manutenção, extremamente contagiante e motivador da causa.

Uma boa gestão de ativos está vinculada a boas práticas utilizadas, nos processos de controle e no ciclo de vida de um ativo, permitindo tomadas de decisões mais assertivas dos investimentos. O gerenciamento dos ativos físicos, do planejamento à aquisição, otimizações operacionais com aumento de disponibilidade, contribuem para a redução de custos da manutenção e maximização dos resultados operacionais.

Porém para isso, temos que encontrar uma harmonia entre eficiência (disponibilidade, confiabilidade), custos (recursos disponíveis) e riscos (impactos ao negócio). Isso parece simples, mas não é. Seguir as recomendações dos requisitos da ISO 55001 - Sistemas de Gestão de Ativos é fundamental. Sua implementação tem que ser tratada como um processo de melhoria contínua e com mudança de cultura da manutenção, resultando em ganhos para os mais variados setores da indústria.

"Entendendo a Gestão de Ativos na Prática", vai facilitar a implantação do processo de gestão de ativos, de uma forma clara, com uma linguagem fácil de entender, com os fundamentos essenciais necessários para uma efetiva padronização de todo o processo da gestão da manutenção.

José Manuel Valezi

*Gerente em Gestão de Ativos de Produção, Eclusas e Solares na AES Tietê Energia S.A., com mais de 26 anos de experiência em manutenção de usinas hidrelétricas. Formado em Engenharia Mecânica pela UNESP, com MBA em Gest*ão Empresarial e em Gestão de Pessoas.

Apresentação do Livro "ENTENDENDO A GESTÃO DE ATIVOS (ISO 55.001) NA PRÁTICA".

A evolução da manutenção que nos remete a 4ª revolução industrial compreendida por fábricas inteligentes *(smart factory)* nos obriga a cada vez mais buscarmos atualização tecnológica e pensarmos na área de manutenção como um negócio e não em uma despesa de uma organização. Para contribuir com esta visão, nasce a gestão de ativos que norteia uma empresa a equilibrar seus custos, riscos e desempenho. Sobretudo, a abordagem de ativos desta visão é mais ampla e contempla os ativos de capital intelectual, ativos informacionais, ativos financeiros, ativos físicos e ativos intangíveis. Todos os ativos possuem seu grau de importância, entretanto são nos ativos informacionais que estão cerca de 60% de uma taxa de sucesso em uma dada tomada de decisão. É neste contexto que a área de *Digital* da GE atua e promove as soluções customizadas às organizações, compreendendo todo o ciclo de vida dos ativos, ou seja, desde a fase de projeto, aquisição, operação, manutenção e descarte ou renovação, subsidiado pelos princípios de alinhamento, cultura e liderança, garantia e valor.

Em 2019, tive a satisfação de conhecer o **Engº Fábio Almeida Chaves** que foi convidado para apresentar um projeto de sucesso que liderou na empresa que atuava no *GE Digital User Conference 2019* em Austin, TX no Estados Unidos. No mesmo ano, reencontrei-o realizando a apresentação de um trabalho técnico durante o 34° Congresso Brasileiro de Manutenção e Gestão de Ativos em Vitória, ES realizado pela ABRAMAN. Em tais ocasiões percebi a desenvoltura, o entusiasmo, o conhecimento e a paixão pela gestão de ativos, assim como sua destreza em estabelecer métodos e estratégias para maximizar os resultados das empresas através do uso do software de gestão de ativos APM Predix da GE. Estabelecemos a partir de então uma parceria de longo prazo, para que mais organizações possam se beneficiar e comprovar os resultados.

O **Engº** Fábio Almeida Chaves é um profissional imparável que honra e respeita sua história, no que diz respeito à disseminação das boas práticas de gestão industrial, mais especificamente nas áreas de manutenção e produção, afim de que as corporações atinjam um elevado nível de excelência operacional.

Um processo eficiente de gestão de ativos está fundamentado na cultura e liderança. É imprescindível que os diversos níveis de liderança de uma organização atuem como um *Leader Coaching* no processo de implantação do sistema de gestão de ativos, ou seja, que utilize o *coaching* como filosofia de liderança, para que através do autoconhecimento, desenvolvimento de competências, novas habilidades e conexões entre as pessoas, possam desempenhar de maneira assertiva seu papel transformador dentro das corporações.

Sobretudo, para implantar o processo de gestão de ativos com êxito é imprescindível que se alie afetividade, ou seja, relacionamento interpessoal entre liderado e líder, com efetividade, ou seja, a busca constante por resultados extraordinários. Tal processo não é trivial, entretanto ao alcançá-lo, as organizações poderão obter os seguintes benefícios: aumento da disponibilidade dos ativos físicos, redução no valor do prêmio de seguro, redução na ocorrência de falhas funcionais nos ativos físicos, redução no tempo de reparos dos ativos físicos, redução nos custos com inventários de materiais dos ativos físicos, aumento na produtividade das equipes operacionais, dentre outros.

O livro **"Entendendo a Gestão de Ativos na Prática",** irá proporcionar clareza no entendimento dos conceitos da gestão de ativos, na organização de tais conceitos em um sistema de gestão ativos (ISO 55.001), principalmente através do Mapa Estratégico da Gestão de Ativos que aborda as 39 áreas do conhecimento do *Landscape* elaborado pelo *Global Forum of Maintenance and Asset Management.* Tal processo promoverá padronização e previsibilidade aos processos das organizações. Adicionalmente, sua linguagem fácil e intuitiva, faz com que o leitor tenha a possibilidade de assimilar o conteúdo, implantar ou aprimorar esse diferencial competitivo.

Karla Cheli

Gerente de Sucesso do Cliente na GE, com mais de 23 anos de experiência no mercado. Formada pela FATEC-SP, com pós-graduação em Marketing, Comércio Exterior & Administração de Empresas e *MBA em Inteligência de Mercado.*

Sumário

Capítulo 1

Introdução

"Livros não mudam o mundo. Quem muda o mundo são as pessoas. Os livros só mudam as pessoas".

Mário Quintana

- **O que nos levou a escrever este livro?**

Este livro foi escrito na oportunidade de garantir que a comunidade brasileira possa compreender corretamente o significado de "*Gestão de Ativos*", mesmo entendendo que não se trata de algo simples e direto, mas que pode ser confundido com algumas outras práticas e metodologias associadas, tais como, qualquer sistema de gestão específico ou gestão da manutenção.

- **Quem é o público alvo deste livro sobre "*Gestão de Ativos*"?**

Qualquer pessoa que esteja trabalhando diretamente, ou indiretamente com uma empresa, em todos os segmentos de mercado, seja no ramo industrial, comercial, logística ou *facilities.*

- **Quando surgiram as primeiras iniciativas relacionadas com a "*Gestão de Ativos*"?**

Os primeiros estudos relacionados aos princípios que hoje conhecemos como "*Gestão de Ativos*" surgiram no início dos anos 70, no século passado, há aproximadamente 50 anos.

- **Qual é a definição resumida do significado da "*Gestão de Ativos*"?**

"***Atividades coordenadas de uma empresa para observar o valor dos ativos***".

Conforme apresentado acima, essa definição é muito ampla e diversa com relação a percepção tradicional de gestão de ativos da engenharia, ou da manutenção, ou dos ativos físicos da infraestrutura.

O principal objetivo da "*Gestão de Ativos*" é a "linguagem comum" para facilitar a comunicação entre os diversos departamentos na empresa, sobre os investimentos dos ativos desde a fase do CAPEX (despesas de capital), até a fase do OPEX (despesas operacionais). A linguagem comum contribui diretamente para quebrar as barreiras, por exemplo, entre a engenharia e o financeiro, tão bem quanto a comunicação com outros departamentos, tais como, recursos humanos e a gestão de riscos.

- **Quais ferramentas atuais praticadas pelas empresas estão relacionadas diretamente com a "*Gestão de Ativos*"?**

Engenharia da confiabilidade, engenharia de sistemas, engenharia da mantenabilidade, custo do ciclo de vida (LCC), análise de efeitos e modos de falhas (RCFA), inspeção baseada no risco (RBI), etc.

- **Se você está pensando em consultar uma norma de Sistema de Gestão para organizar seus processos, qual é o melhor caminho?**

A norma ISO-9001, a qual determina as diretrizes para o Sistema de Gestão da Qualidade. A norma ISO-14001, a qual determina as diretrizes para o Sistema de Gestão do Meio Ambiente. A norma ISO-45001, a qual determina as diretrizes para o Sistema de Gestão da Segurança e Saúde Ocupacional. A norma ISO-31001, a qual determina as diretrizes para o Sistema de Gestão de Riscos ou a norma ISO-55001, a qual determina as diretrizes para o Sistema de Gestão de Ativos.

A diferença está no entendimento da diferença entre um Sistema de Gestão, e um Sistema de Gestão de Ativos!

Um **Sistema de Gestão** é uma coleção de processos e procedimentos (instruções de trabalho, procedimentos operacionais padronizados ou um diagrama de fluxo) utilizados por uma empresa para gerenciar os riscos associados com o atingimento dos seus objetivos.

Um **Sistema de Gestão de Ativos** é um conjunto de elementos inter-relacionados para estabelecer a política de gestão de ativos, os objetivos de gestão de ativos e os processos para atingir estes objetivos.

Capítulo 2

A Gestão de Ativos

"Se você deseja ensinar uma nova prática de trabalho, não entregue métodos e processos prontos, mas faça as pessoas entenderem o real significado do que elas deverão realizar, e aonde elas deverão chegar com a nova forma de trabalho."

José Wagner Braidotti

A gestão de ativos industriais tem se tornado uma disciplina com significativo crescimento no mundo. Em 2004, a BSI PAS-55 (*British Standards Institution*) foi publicada no Reino Unido definindo os requisitos para um sistema de gestão de ativos industriais otimizado.

Posteriormente, mais precisamente em 2008, uma nova versão da PAS-55 foi desenhada compreendendo uma série de segmentos industriais.

A disseminação do conteúdo foi ocorrendo de maneira progressiva de modo a se reorganizar por meio da norma ISO-55000 – Visão Geral, Princípios e Terminologia. A partir disto, a série da norma ISO-55000 foi publicada em 2014.

Seguem abaixo, as normas que constituem a série da ISO-55000:

- ISO-55001: Requisitos básicos do sistema de gestão de ativos.
- ISO-55002: Guia geral da aplicação e implantação do sistema de gestão ISO 55001.

Uma contribuição significativa em tal processo advém do *Global Forum on Maintenance and Asset Management* que elaborou um documento denominado *The Asset Management Landscape* que apresenta as diretrizes das 39 áreas do conhecimento que compreendem um sistema de gestão de ativos.

Devido a experiência de empresas nacionais e internacionais no que tange a implantação de um sistema de gestão de ativos nas organizações, foi possível identificar de maneira quantitativa o valor que os ativos melhores administrados geraram para as organizações.

Abaixo, tem-se resultados que já foram alcançados com a implantação do sistema em questão:

- Até 30% na redução dos custos com inventário de materiais.
- Até 50% na produtividade das equipes de manutenção.
- Até 20% na redução dos custos com a contratação de terceiros.
- Até 55% na redução da ocorrência das falhas funcionais.
- Até 60% na redução dos tempos de reparos dos ativos.
- Até 30% na redução dos custos totais de manutenção.
- Até 60% na disponibilidade dos ativos.
- Até 10% na redução do valor do prêmio do seguro.
- Até 50% nas horas de capacitação dos colaboradores.

Fonte: Dados provenientes de histórico de resultados de diversos projetos da Braidotti Engenharia nos últimos anos.

Capítulo 3

Fundamentos Essenciais para a Implantação Prática da Gestão de Ativos

"Não é o que você não sabe que pode causar-lhe problemas, mas o que você tem certeza e está errado".

Mark Twain

Entende-se ser de suma importância que o profissional que irá implantar o sistema de gestão de ativos conheça os princípios que regem tal sistema. Tal processo fará com que a sedimentação dos conceitos do mesmo seja facilmente assimilada, assim como promoverá um melhor entendimento das partes interessadas que compreendem o referido sistema. A seguir, tem-se a menção de tais princípios:

- Alinhamento: este conceito é extremamente precioso para o processo, pois é muito complexo promover um sistema de gestão de ativos em uma organização sem que os "silos" ou "feudos" da mesma sejam quebrados e continuamente interrompidos.

A seguir, a **Figura 1** ilustrará o comportamento das organizações alinhadas, bem como o comportamento das organizações desorganizadas.

Figura 1 - Comparação entre organizações alinhadas e desalinhadas

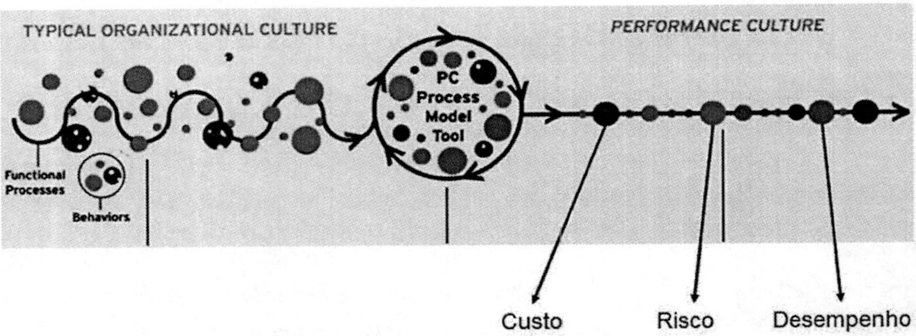

Fonte: Adaptado da SAMI *Corporation*, 2107.

Nota-se que as organizações desalinhadas que estão ao lado esquerdo da **Figura 1** possuem seus processos funcionais, comportamentos, modelos e ferramentas totalmente desorganizadas.

Entretanto, ao observar o lado direito da figura, percebe-se que as dimensões supracitadas se encontram perfeitamente alinhadas com o movimento da organização. Isto faz com que a organização desprenda menos energia para organizar seus processos em busca do atingimento do seu planejamento e objetivo organizacional.

- Cultura e liderança: este é o princípio mais importante para a implantação de um sistema de gestão de ativos. O que subsidia tal fato é que por meio do conhecimento da cultura de uma organização a liderança influencia as pessoas a perceberem os benefícios do sistema.

- Garantia: este é o princípio fundamental no processo de verificação e sustentabilidade de um sistema de gestão de ativos. Tal princípio caminha conjuntamente com o princípio denominado alinhamento.

- Valor: este princípio está associado ao propósito de um sistema de gestão de ativos. Trata-se de um princípio complexo para demonstrar à organização de maneira consolidada os reais efeitos da gestão de ativos, uma vez que os benefícios de tal sistema ocorrem de maneira descentralizada e cascateada junto aos processos organizacionais.

Adicionalmente, é imprescindível que se conheça os pilares que sustentam tais princípios.

A seguir, a **Figura 2** demonstrará os atributos de sustentação desses princípios, que visam buscar o melhor valor de um sistema de gestão de ativos.

Figura 2 - Atributos dos princípios da gestão de ativos

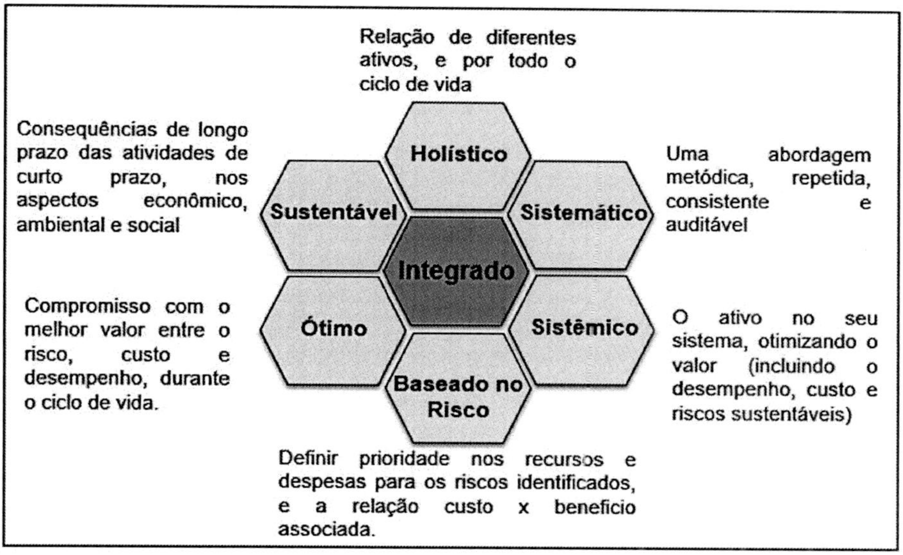

Fonte: Norma ISO-55001

"O Sistema de Gestão de Ativos (SGA) desenvolve uma maior robustez e atratividade da organização, perante as partes interessadas e a sociedade. Ele promove uma sensível melhoria da execução e o controle dos processos empresariais e operacionais, com o propósito de assegurar a geração do valor para o negócio e, também, o atendimento das expectativas e necessidades das partes interessadas. Os resultados estratégicos da Organização e do SGA são alcançados por meio do equilíbrio entre as perspectivas de aproveitamento das oportunidades em relação aos custos, riscos e desempenhos almejados, considerando simulações de diferentes cenários estratégicos e horizontes de tempo.

Em resumo, o SGA auxilia/apoia e suporta a tomada de decisão gerencial quer seja estratégica ou tática ou operacional. A linha de base, que orienta qualquer atividade, é o custo do ciclo de vida daqueles ativos que são críticos para a sobrevivência e o crescimento da organização."

João Esmeraldo

Capítulo 4

Conceitos e suas Disseminações Práticas

"Lembre-se que as pessoas podem tirar tudo de você, menos o seu conhecimento".

Albert Einstein

Para implantar um sistema de gestão de ativos, entende-se ser proeminente que o profissional conheça os conceitos em que a norma ISO-55001 se baseia. Assim, tem-se abaixo alguns conceitos mais usuais durante o processo de implantação:

- **Ativo** – Trata-se de um item, algo ou entidade que gera valor para uma organização conforme estabelecido na norma ISO-55001. Os ativos existem para gerar valor para uma companhia.

- **Tipos de Ativos** – Existem diferentes tipos de ativos dentro de uma organização. Os mesmos podem ser tangíveis, ou seja, fácil de se contabilizar e visualizar, bem como intangíveis, ou seja, de difícil mensuração do seu valor.

A seguir, a **Figura 3** ilustrará os tipos dos ativos supramencionados:

Figura 3 - Tipos de Ativos

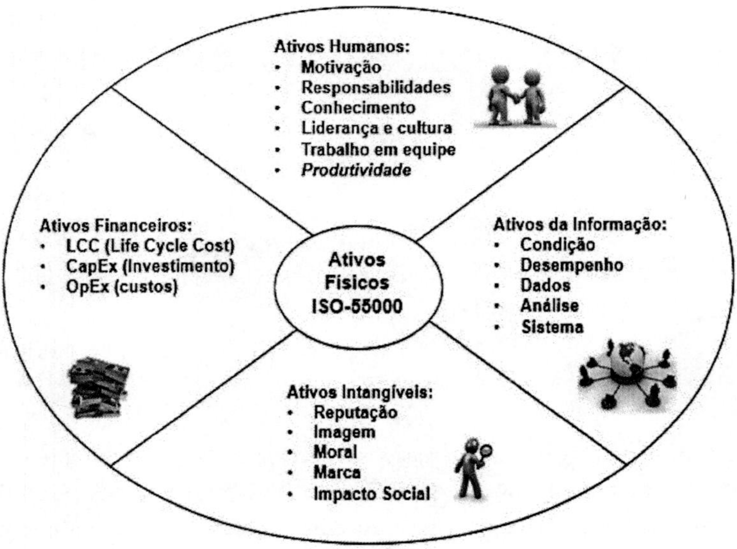

Fonte: Braidotti, 2016

A Gestão de ativos possui efeitos diferentes a depender do tipo de ativo que está sendo gerenciado. A seguir serão mostradas as definições de gestão de ativos para cada um dos 5 tipos de ativos.

Gestão de ativos físicos:

É o melhor padrão da utilização, disponibilidade e confiabilidade, com a obtenção do melhor resultado de cada ativo físico nos processos produtivos, industriais, logísticos, comerciais e de utilidades.

Gestão dos ativos humanos:

A melhor produtividade de cada esforço pessoal no contexto das questões diárias, com o melhor foco e motivação para o cumprimento das tarefas diárias.

Gestão dos ativos financeiros:

A melhor aplicação dos recursos, no menor impacto no orçamento, na melhor entrega financeira, ou seja, a utilização plena de todos os recursos disponibilizados pela empresa.

Gestão dos ativos intangíveis:

Buscando como resultado a melhor imagem com visibilidade por toda a organização, na qual cada setor contribui com seu valor agregado, sem perder o foco da sua participação no resultado coletivo.

Gestão dos ativos da informação:

Priorizando a qualidade e confiabilidade da informação compartilhada, principalmente documentada, contribuindo para a geração dos processos sistematizados e padronizados, trazendo o fator educacional como um pilar estratégico para o resultado do que se espera para a implantação de um processo de gestão de ativos estruturado.

Manutenção Classe Mundial (Braidotti, 2019)

*É a prática de manutenção na garantia da funcionalidade operacional (confiabilidade), com o mínimo impacto no fluxo do processo produtivo (disponibilidade), na qual apresenta o "**downtime**" da manutenção exclusivamente através de ações preventivas planejadas, sistemáticas ou pela condição, apresentada pelos ativos físicos monitorados.*

*A visão deve estar centrada nas práticas de "**Manutenção**" como um "**Processo**".*

*É também definida como a modalidade voltada para a "**Prevenção da Manutenção**":*

→ *Na qual se inicia com as melhores técnicas de sensoriamento remoto na identificação das condições operacionais dos ativos físicos críticos.*

→ *Realizadas através dos ativos humanos treinados, comprometidos, motivados e disciplinados.*

→ *Garantindo como resultado os melhores ativos da comunicação, com uma informação da melhor qualidade, confiável, antecipada e assertiva.*

→ *Propiciando uma imagem dos serviços prestados no melhor padrão dos ativos **intangíveis.***

→ *Convergindo com os melhores resultados obtidos através dos ativos financeiros, no menor impacto dos custos de manutenção sobre os custos operacionais.*

→ *Tudo isto representado na abrangência do ciclo de vida daquilo que está sendo mantido e gerenciado, com a melhor avaliação dos riscos envolvidos em um ambiente planejado.*

→ *Com a utilização de 100% do homem-hora disponível (HHD) das equipes especialistas, e com a melhor aplicação dos recursos disponibilizados para a manutenção, de uma forma segura para as pessoas e para o meio ambiente.*

Apresentando como resultado evidenciado, o cumprimento da "Função Planejamento" de Manutenção, uma programação de serviços com uma visibilidade de 3 semanas, e um indicador de "Backlog" também na faixa de 3 semanas.

- Sistema de Gestão de Ativos - A base do sistema de gestão de ativos é a metodologia **PDCA** (*Plan, Do, Check, Action*) que fora criado por *Deming*, ou seja, tal processo remete-se às ações de planejar, executar, verificar e melhorar.

A **Figura 4** correlacionará os requisitos do sistema, bem como a metodologia **PDCA**. Por já conhecermos o conceito de ativos, assim como do sistema de gestão, pode-se estabelecer que um sistema de gestão de ativos é um conjunto de elementos de uma organização inter-relacionados para dirigir, controlar e coordenar atividades da gestão de ativos.

Consideram-se como atividades de gestão de ativos a política, os processos e os planos para se atingir os objetivos organizacionais.

Figura 4 - Correlação entre requisitos da ISO-55001 e a metodologia PDCA

Fonte: Braidotti, 2019

- Gestão de Ativos – atividade coordenada e sistemática de uma organização que torna real o valor conquistado pelos ativos, ao longo do ciclo de vida, alinhado com o planejamento estratégico da organização. São práticas realizadas através da melhor aplicação dos recursos disponíveis, no sentido de observar o melhor resultado proveniente dos ativos físicos, humanos, financeiros, da informação e intangíveis, por todos os setores da empresa, no pleno entendimento de que todo o esforço individual somente será recompensado, se o resultado coletivo for atingido.

É de suma importância que os profissionais que irão implantar um sistema de gestão de ativos tenham o discernimento de entender que gerenciar ativos é totalmente diferente de realizar a gestão de ativos. No processo de gestão de ativos, o propósito é verificar o que os ativos fazem como geração de valor para uma organização.

Entretanto, gerenciar ativos diz respeito em verificar o que a organização faz por seus ativos. Por exemplo, o ciclo de investimentos que ocorrem nas organizações demonstra a disponibilidade de recursos que as mesmas proporcionam por seus ativos físicos.

Gestão de ativos é mais do que apenas um sistema de gestão. Um sistema de gestão é a representação estrutural de processos e procedimentos utilizados de modo a garantir que a companhia atinja seus objetivos. A gestão de ativos, além de abordar esses tópicos supracitados de um sistema de gestão, envolve tópicos essenciais como liderança, cultura, informação, conhecimento e gestão de riscos, com destaque para a liderança e uma cultura a ser desenvolvida que, conjuntamente a sólidas práticas de engenharia, fazem um projeto de Gestão de Ativos ser bem implementado.

Todos os setores da empresa, ao trabalharem com a gestão de ativos, devem ter uma meta comum em relação a implantação do sistema de gestão de ativos. Cada um desses setores possui suas políticas internas que, alinhadas pela gestão de ativos, chegam a um resultado organizacional comum em termos de políticas da empresa e políticas de gestão de ativos como é mostrada na **Figura 5**.

Figura 5 - Tipos de Ativos

Fonte: Braidotti, 2016

- **Partes Interessadas** – refere-se aos principais interessados na implantação de um sistema de gestão de ativos. Entende-se como partes interessadas: a empresa, acionistas, clientes, fornecedores, empregados, sindicatos, sociedade e outros.

- **Ciclo de Vida dos Ativos** – trata-se dos estágios percorridos por um ativo desde sua concepção até o seu descarte.

- **Capabilidade** – trata-se da efetiva capacidade de entrega de um produto desempenhada pelos ativos de uma organização.

- **Engenharia de Sistemas** – refere-se aos níveis de engenharia e suas respectivas associações em que os ativos físicos são submetidos.

- **Gestão da Configuração** – está associada ao cadastramento, controle, armazenagem, revisão e atualização de documentos técnicos de uma organização.

Capítulo 5

Criando a Cultura e o Modelo Mental da Gestão de Ativos

"Coisas incríveis no mundo dos negócios nunca são feitas por uma única pessoa, e sim por uma equipe".

Steve Jobs

A cultura e a liderança são elementos imprescindíveis para implementar um sistema de gestão de ativos em qualquer tipo de organização. A cultura pode ser definida como a disseminação de um modelo mental nos cérebros de vários profissionais que tem como origem as crenças, valores e comportamentos de uma dada organização. Ao se fazer uma analogia entre um *software* e um *hardware*, pode-se dizer que o cérebro é um *hardware* e o modelo mental é o *software*.

Na medida em que se introduz o *software* (modelo mental) em vários *hardwares* (cérebros), promove-se a massificação do modelo mental e consequentemente a criação da cultura.

O aprimoramento de tal conceito pode ser evidenciado por meio do modelo **ABC**.

Tal modelo oferece um nível de detalhamento para a compreensão do processo comportamental.

Nesse modelo, cada letra apresenta o seguinte significado:

- A: Tal letra representa os "Antecedentes" e refere-se a algo que precede e estimula o comportamento.

- B: Tal letra diz respeito ao "Comportamento" (*Behaviour* em inglês) e refere-se a qualquer ato ou ação observável pelos outros.
- C: Tal letra representa as "Consequências" decorrentes diretamente do comportamento.

Em suma, ao aplicar a analogia previamente descrita em uma organização, entende-se ser proeminente que a liderança conheça o contexto da mesma por meio da cultura organizacional, para posteriormente influenciar os profissionais através do exemplo.

Capítulo 6

O Mapa Estratégico da Gestão de Ativos com as 39 Áreas de Conhecimento do *Landscape*

"A evolução do Homem passa, necessariamente, pela busca do conhecimento".

Sun Tzu

Visando promover o entendimento, assim como o encadeamento dos conceitos preconizados em um sistema de gestão de ativos, foi desenvolvido um mapa estratégico da gestão de ativos que correlaciona os processos da norma **ISO-55001**, as **39** áreas do conhecimento previamente estabelecidas pelo *The Asset Management Landscape* elaborado pelo *Global Forum of Maintenance and Asset Management* e a metodologia **PDCA**.

A **Figura 6** ilustrará o referido processo.

Figura 6 - Mapa estratégico da gestão de ativos com as 39 áreas do conhecimento

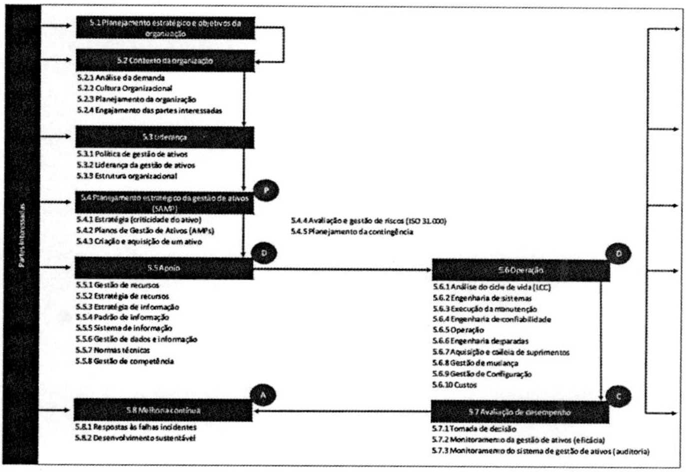

Fonte: Autores

6.1 Planejamento Estratégico e Objetivos da Organização

O planejamento estratégico da organização é a diretriz que balizará o sistema de gestão de ativos. Tal processo pode ser realizado por meio da associação das ferramentas BSC – *Balance Scorecard*, bem como a ferramenta Análise **SWOT** (*Strengths* - Forças, *Weaknesses* - Fraquezas, *Opportunities* - Oportunidades, *Threats* – Ameaças).

O produto de tais ferramentas norteará o estabelecimento dos objetivos organizacionais. A partir disto, será necessário que a companhia desdobre os objetivos organizacionais em metas. Tais metas por serem métricas, deverão ser mensuráveis e escalonadas minimamente em três níveis.

O primeiro nível será o nível mínimo da meta, o segundo nível será o valor da meta que se configura atingível sem a inserção de um desafio.
Sobretudo, o terceiro nível deverá se ter um valor com um nível de desafio audacioso para se buscar o pronto ótimo do referido processo.

A **Figura** 7, ilustrará a estruturação do planejamento estratégico, a **Figura 8** apresentará a ferramenta **BSC**, assim como a **Figura 9**, demonstrará um exemplo de análise **SWOT** combinada com a avaliação de cenários e a análise das cinco forças de Porter.

Figura 7 - Estrutura de um planejamento estratégico

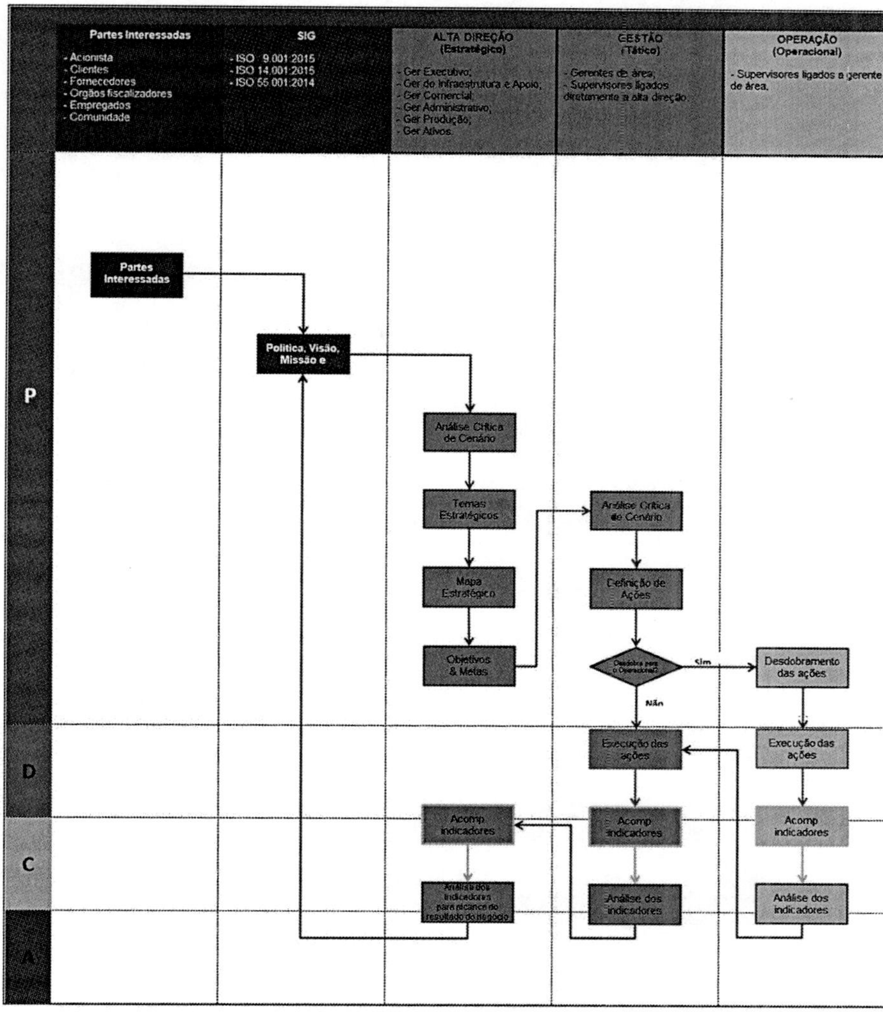

Fonte: VALE Fertilizantes, 2017

Figura 8 - As 5 perspectivas da ferramenta BSC e a interligação dos processos

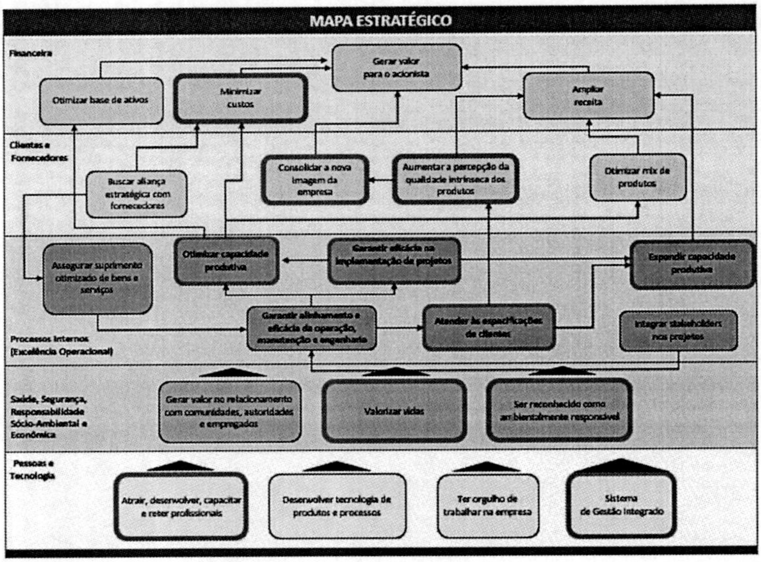

Fonte: VALE Fertilizantes, 2017

Figura 9 - Análise SWOT associada à análise de cenários e a análise das cinco forças de Porter

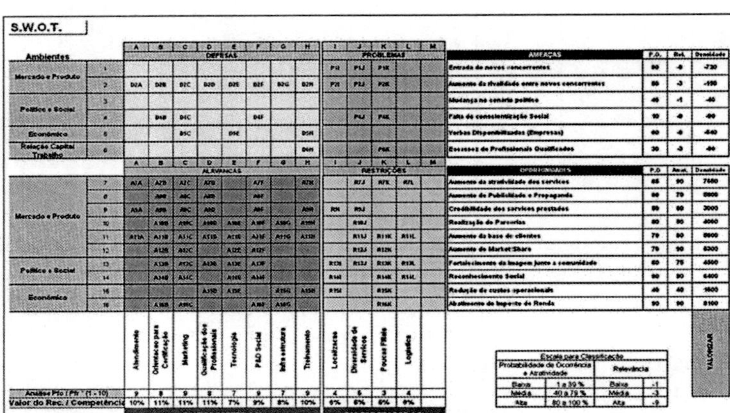

Fonte: Autores

6.2 Contexto da Organização

O contexto da organização é um momento extremamente importante para o estabelecimento de um sistema de gestão de ativos, pois o mesmo precede da análise da demanda de uma empresa, ou seja, processo em que se verifica se a capacidade requeira da organização está aderente a demanda planejada.

Adicionalmente, o contexto da organização requer o conhecimento da cultura organizacional, do planejamento estratégico da organização, assim como do nível de engajamento das partes interessadas.

6.2.1 Análise da demanda

Este processo está associado aos requisitos das partes interessadas. Além disso, o mesmo necessita avaliar os aspectos financeiros e não financeiros do processo de implantação do sistema de gestão de ativos, bem como os aspectos internos e externos da organização.

Nesta fase é imprescindível que a triagem realizada na entrada do processo aprimore o nível de qualidade da informação, para promover reflexos no nível de priorização das demandas.

A confiabilidade do processo está totalmente ligada ao nível de qualidade no processo de triagem da demanda.

A seguir, a **Figura 10** apresentará o encadeamento do processo de análise da demanda por meio da exemplificação do fluxo de trabalho da área de planejamento de manutenção.

Figura 10 - Fluxo do Processo do Planejamento, Programação e Controle de Manutenção (PPCM)

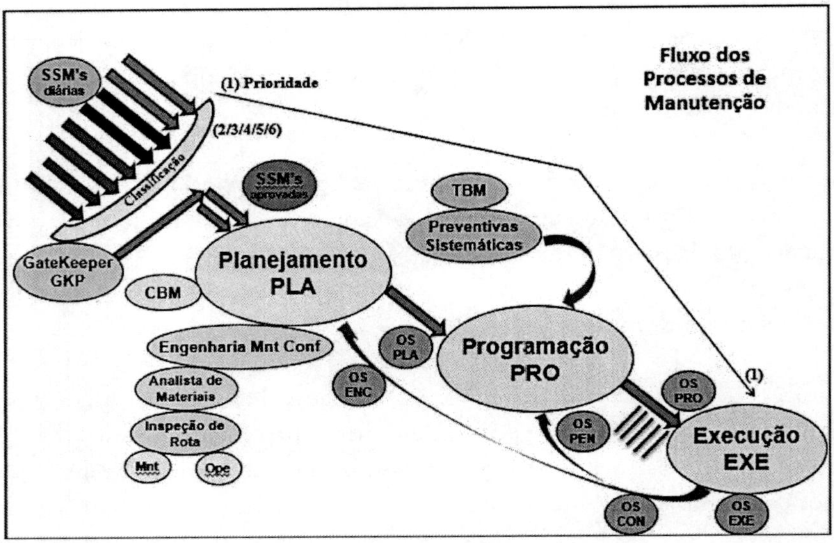

Fonte: Braidotti, 2016

6.2.2 Cultura Organizacional

Tal dimensão está diretamente ligada ao planejamento estratégico da gestão de ativos (**SAMP**), os objetivos da gestão de ativos, assim como aos objetivos organizacionais. Sobretudo, a excelência do processo se dará por meio de padrões de comunicação e pelo entendimento das regras, valores e comportamento de uma companhia. Adicionalmente, o conhecimento dos aspectos internos e externos da empresa promove o êxito na implantação de tal requisito da norma.

6.2.3 Planejamento da Organização

Este requisito precede do entendimento da análise da demanda da organização e está associado à avaliação e análise de risco da empresa. Por envolver os riscos organizacionais, é imprescindível que se haja uma análise dos requisitos das partes interessadas. Outra dimensão a ser avaliada neste processo são os custos que estarão envolvidos em tal planejamento.

6.2.4 Engajamento das Partes Interessadas

Trata-se da razão da existência de um sistema de gestão de ativos. É de suma importância que durante a implementação de um sistema de gestão de ativos conheça-se quem são as partes interessadas do referido processo.

A seguir, a **Figura 11** apresentará algumas das partes interessadas que fazem parte de um sistema de gestão de ativos.

Figura 11 - Exemplos de partes interessadas.

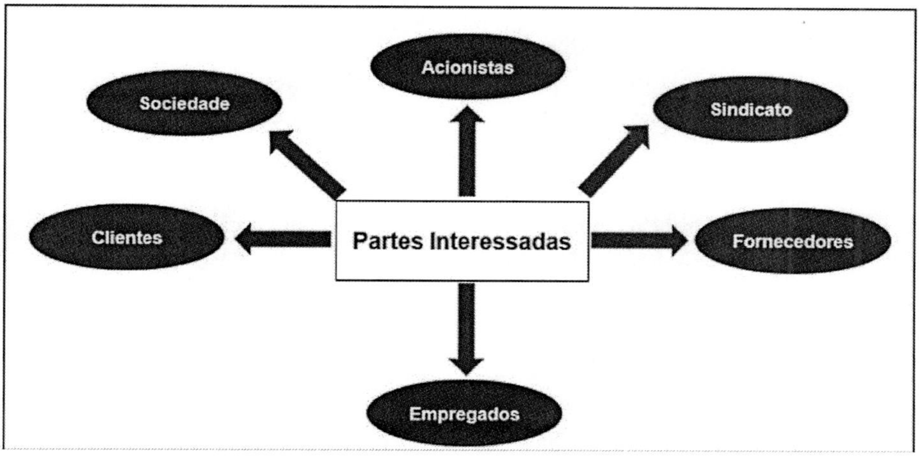

Fonte: Autores

Além dos requisitos das partes interessadas, o engajamento das mesmas está vinculado à política de gestão de ativos, aos processos para se desenvolver cenários, à comunicação, bem como ao nível de interação com tal sistema.

6.3 Liderança

A liderança é a chave do sucesso para a implementação de um sistema de gestão de ativos. Um líder deve ser percebido pela sua respectiva equipe por meio dos exemplos que tal profissional promove à mesma. O seu poder de influência será o divisor de águas para o êxito no processo de implantação.

6.3.1 Política da Gestão de Ativos

Este requisito que tratará o nível de comprometimento da companhia com o processo de implantação do sistema de gestão de ativos está totalmente associado ao escopo de implantação do sistema, ou seja, sua abrangência e limites de bateria, aos objetivos da gestão de ativos, assim como ao planejamento organizacional. Adicionalmente tal processo orientará a criação da estratégia de tal sistema.

6.3.2 Liderança na Gestão de Ativos

Este item é responsável por estabelecer as responsabilidades e os níveis de autoridade dos processos de gestão de ativos. Pelo fato de promover a interface com outros processos da organização, prima pelo desenvolvimento dos trabalhos em equipe. Adicionalmente, tal dimensão está associada aos objetivos da gestão de ativos, bem como aos objetivos organizacionais.

Em um projeto de implantação de gestão de ativos, a liderança deve ser tratada como um processo, ou seja, quando não depende mais de um único líder e as pessoas passam a se comportar de acordo com os valores da organização.

6.3.3 Estrutura Organizacional

Este processo está associado aos objetivos, estratégia e ao padrão de comunicação de uma organização. É responsável por estabelecer a estrutura funcional da companhia, ou seja, verificar se a mesma terá uma estrutura centralizada, descentralizada ou matricial.

A seguir, a **Figura 12** ilustrará um exemplo de uma estrutura organizacional. A estrutura ou arquitetura organizacional, também chamada de organograma, apresenta as responsabilidades inerente as áreas de uma empresa, bem como o fluxo de comunicação da mesma.

Figura 12 - Exemplo de estrutura organizacional de uma organização

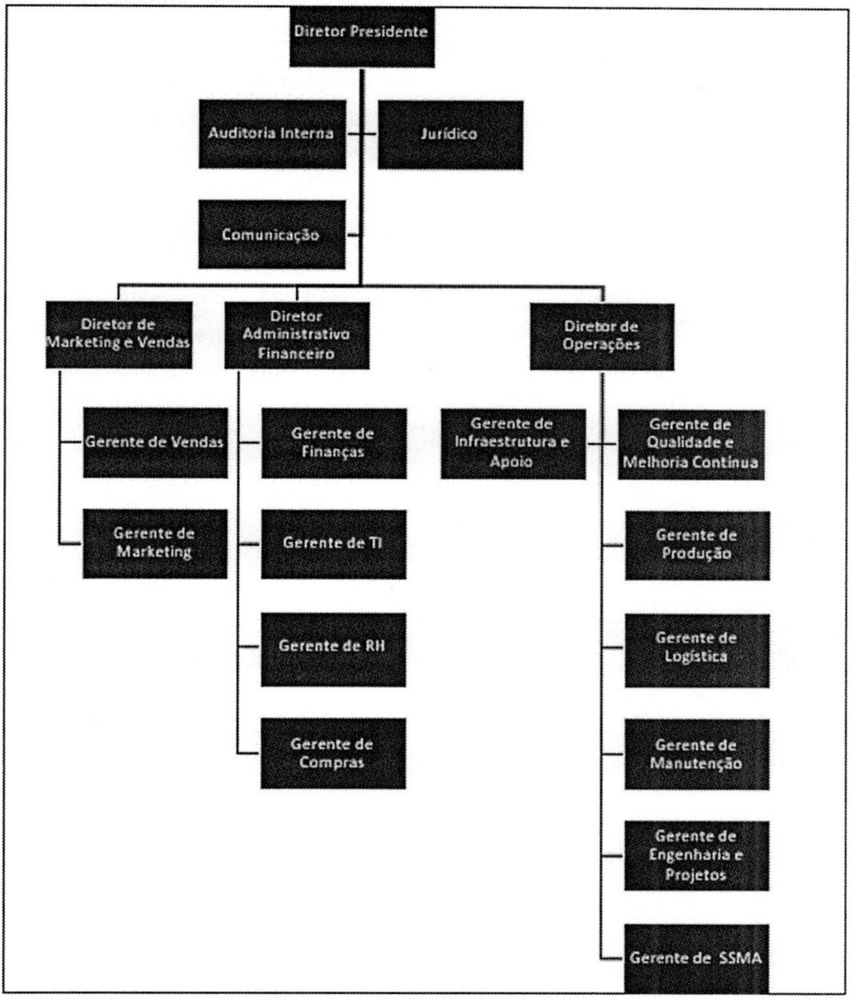

Fonte: Autores

Além de orientar as responsabilidades do Planejamento Estratégico da Gestão de Ativos (**SAMP**) e dos Planos de Gestão de Ativos (**AMPs**), tal dimensão é responsável por suportar a eficácia do sistema de gestão.

6.4 Planejamento Estratégico da Gestão de Ativos (SAMP)

O planejamento estratégico da gestão de ativos, também denominado como **SAMP** *(Strategic Asset Management Plan),* deve estar integrado aos objetivos organizacionais e interagir com os objetivos da gestão de ativos. Trata-se de um conjunto de decisões que deve ser previamente tomada com uma base sólida de informações.

A seguir será apresentado o texto de um artigo escrito por um conceituado profissional americano, especialista em Engenharia de Manutenção e Confiabilidade, o Sr. **Joel Levitt,** Presidente da *Springfield Resources* (EUA) que trata sobre a importância do **SAMP** e, como o conceito de integração entre os diversos profissionais deve ser praticado em uma empresa, para que a Gestão de Ativos possa entregar os melhores resultados:

Comments by Joel Levitt (JDL@Maintrainer.com) (2020)

When you join an organization, you are given (or invent for yourself) tasks appropriate to your job. Everyone's job consists of activities that they enjoy and ones they avoid. Among the activities that are most often avoided by top management are the decisions about how groups of stakeholders will interact. We avoid these decisions because there are always conflicts between the group's goals, KPIs, and how they deliver value to the organization. Conflict is difficult to engage with, manage, and channel.

For example, when you acquire a new asset, several groups are involved. There may be marketing personnel, accounting business analysts, engineers, purchasing professionals, lawyers, vendors, installers, operators, and maintainers. Each of these groups has different goals and different contributions to make to the success of the enterprise.

The job of the organization's leaders is to set the direction of the organization. The SAMP sets the course for the conception, acquisition, maintenance, and use of the assets. It also defines the rules of the game. The players are the managers of all the functions in all the departments. Everyone uses the same rule book.

The rule book defines the time frame, roles, and responsibilities, decision-making processes, financial rules, priority rating of different possible costs, management of risk, and management systems. Extensive knowledge of the practices ensures that everyone is on the same page as far as the crucial issues of ROI, safety, code compliance, and risk.

Getting back to the beginning of this discussion, even though this is a difficult job, also though top managers avoid developing the SAMP, it is their job. So, let's get to it. Everything else flows from this.

Comentário por Joel Levitt (JDL@Maintrainer.com) (2020)

Quando você entra em uma organização, a você são atribuídas (ou você mesmo busca) tarefas apropriadas de acordo com o seu trabalho. O trabalho de todos consiste em atividades prazerosas e aquelas que preferimos evitar. Entre as atividades mais evitáveis da alta gerência estão as decisões sobre como os grupos de *stakeholders* devem interagir. Nós evitamos essas decisões, pois sempre há conflitos entre as metas dos grupos, os KPI's e como eles podem entregar o valor requerido para a organização. É difícil se envolver com conflitos, gerenciá-los e direcioná-los.

Por exemplo, quando você adquire um novo ativo, diversos grupos estão envolvidos. Provavelmente há pessoal do *marketing*, analistas de custos, engenheiros, compradores, advogados, vendedores, instaladores, operadores e mantenedores. Cada um desses grupos possui uma meta diferente e contribuem de maneiras diferentes para o sucesso da empresa.

O trabalho dos líderes da organização é o de definir a qual direção organização deve ir. O SAMP define o rumo para a conceituação, aquisição, manutenção e uso de ativos. Também define as regras do jogo. Os jogadores são os gestores de todas as funções de todos os departamentos. Todos utilizam o mesmo manual de regras.

O manual de regras define os prazos, papéis, responsabilidade, processos para tomada de decisão, regras financeiras, classificação prioritária para direcionar eventuais custos, gestão de riscos e gestão de sistemas. O amplo conhecimento dessas práticas garante que todos os jogadores estejam na mesma página do manual tanto quanto a questões cruciais como o ROI, segurança, conformidade de código e riscos.

Voltando ao início dessa discussão, apesar de este ser um trabalho complicado e apesar da alta direção evitar o desenvolvimento de um SAMP, esse é o trabalho deles. Então, vamos em frente. Todo o resto flui disso.

6.4.1 Estratégia dos Ativos

A estratégia dos ativos, mais especificamente os ativos físicos, deve estar totalmente vinculada à criticidade da função que os mesmos exercem na cadeia produtiva. Entende-se como criticidade uma classe de ativos compreendidos em uma organização que está correlacionado ao nível de relevância de sua função no processo produtivo.

A seguir, a **Figura 13** exemplificará critérios para estabelecer a criticidade dos ativos físicos de uma dada organização.

Figura 13 - Criticidade dos Ativos Físicos

Criticidade de Ativos Físicos	
Criticidade A	Ativo cuja falha acarreta na interrupção total de produção, afeta diretamente a qualidade do produto e envolve riscos elevados à saúde e ao meio ambiente
Criticidade B	Ativo cuja falha acarreta na paralisação parcial de produção, afeta indiretamente a qualidade do produto e impacta parcialmente a saúde e meio ambiente
Criticidade C	Ativo cuja falha não paralisa a produção, não interfere na qualidade do produto tampouco na segurança dos operadores

Fonte: Autores

Adicionalmente, a estratégia de ativos está associada ao ciclo de vida dos ativos, ao sistema de gestão de ativos e aos planos de gestão de ativos.

Tal dimensão suporta os objetivos da gestão de ativos, bem como tratam os requisitos das partes interessadas. Tal tratamento compreende aspectos financeiros e não financeiros, assim como aspectos internos e externos de uma organização.

Os planos de comunicação e de contingência também são fatores integrados à estratégia dos ativos.

6.4.2 Planos de Gestão de Ativos (AMP)

Os planos de gestão de ativos, também denominados **AMP** *(Asset Management Plan)*, estão intimamente ligados à disponibilidade de recursos, principalmente aos recursos de ordem financeira. Adicionalmente, tais planos devem estar integrados ao plano organizacional.

É importante salientar que os planos de gestão de ativos devem ser aprovados, monitorados, revisados e atualizados.

6.4.3 Criação e Aquisição de um Ativo

Esta dimensão está associada à política de investimentos de uma dada organização. Desta forma, convém notar que, indiretamente, tal requisito está totalmente integrado à área de gerenciamento de projetos.

Tal processo é concebido pela identificação de uma dada necessidade ao ativo, posteriormente ao desenvolvimento da engenharia conceitual, engenharia básica, engenharia detalhada e finalmente aos processos de aquisição e comissionamento.

Todos os setores da empresa que fazem interface com o ativo devem ser levados em conta na hora do projeto/ compra.

6.4.4 Avaliação e Gestão de Riscos

Este requisito é de suma importância ao processo de estabelecimento de um sistema de gestão de ativos. O mesmo precede do estabelecimento de uma política de gestão de riscos. Adicionalmente, tal dimensão requer que sejam estabelecidos os processos de gestão de riscos, assim como que se promova o alinhamento dos riscos nos níveis estratégico, tático e operacional.

Destaca-se como processos de gestão de riscos: identificação, avaliação, análise, monitoramento e tratamentos dos riscos. A avaliação dos riscos poderá estar subsidiada por uma matriz de risco.

A seguir, a **Figura 14,** ilustrará um exemplo de matriz de risco de uma organização.

O monitoramento e o tratamento dos riscos poderão ser baseados por soluções de engenharia. É válido ressaltar que este processo se encontra alicerçado pela norma **ISO-31000:2018 – Gestão de Riscos** – Diretrizes.

Figura 14 - Exemplo de uma matriz de risco de uma organização

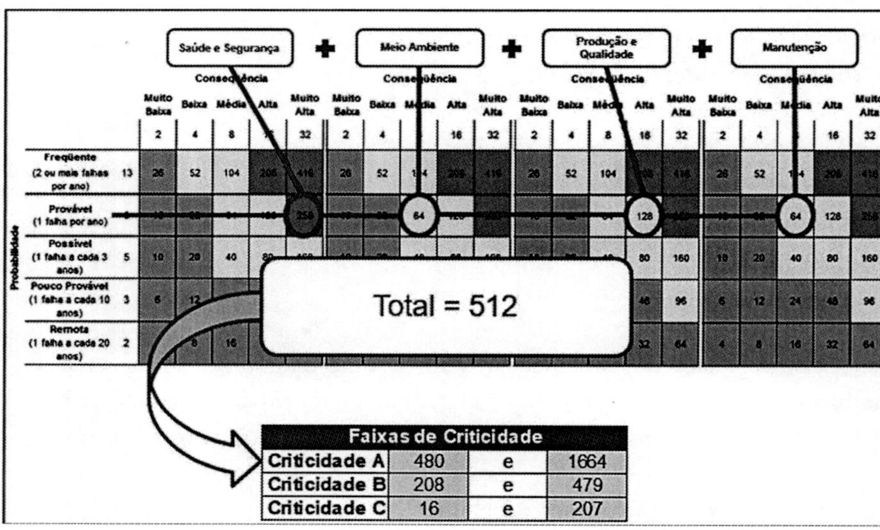

Fonte: VALE Fertilizantes, 2017

6.4.5 Plano de Contingência

O plano de contingência de uma companhia deve estar compreendido pela identificação e avaliação de cenários, o estabelecimento de autoridades e responsabilidades e a classificação dos eventos. Com o objetivo de promover o monitoramento de tal processo, entende-se como uma boa prática a realização de simulados à intervalos regulares.

Tal prática, demonstrará o nível de preparo dos profissionais envolvidos no processo, as oportunidades de melhoria, bem como os riscos que ainda necessitam ser mitigados.

Além disso, um plano bem-sucedido desta natureza, minimiza os impactos ambientais, sociais e financeiros oriundos dos planos de gestão de ativos. Tal requisito é imprescindível para proporcionar maior sustentabilidade a uma dada organização.

6.5 Apoio

Todas as atividades que têm por característica suportar o sistema de gestão de ativos devem ser entendidas como inerentes ao requisito de apoio. A área de infraestrutura que normalmente é convencionada nas organizações de médio a grande porte pode ser um exemplo de área de apoio.

6.5.1 Gestão de Recursos

Tal dimensão está vinculada à disponibilidade de recursos, tais como: pessoal, material e sistema. A disponibilidade dos mesmos balizará os riscos e oportunidades do referido processo. Adicionalmente, tal requisito está integrado às atividades de gestão de ativos e à gestão do conhecimento. Por esta razão, o controle de documentos inerente às atividades de terceirização está devidamente compreendido em tal processo. As terceirizações devem ser englobadas por um dado escopo e suas interfaces, responsabilidades e autoridades, assim como pelo compartilhamento de informações.

6.5.2 Estratégia de Recursos

A estratégia de recursos está devidamente associada aos objetivos da gestão de ativos, bem como aos planos de gestão de ativos (**AMPs**). Por esta razão, os recursos necessários deverão estabelecer, implementar, manter e melhorar continuamente um sistema de gestão de ativos. Além da eficácia dos custos e os riscos inerentes a este processo, mais especificamente, aos riscos compreendidos por terceirizações. A estratégia de recursos está intimamente ligada à capabilidade do sistema de gestão de ativos. Para que o processo seja considerado capaz, isto é, que produza com a qualidade desejada, os limites da variação natural do processo devem estar inseridos, ou pelo menos coincidir com os limites de especificação.

A seguir, a **Figura 15** demonstrará um modelo de capabilidade de uma dada organização.

A capabilidade da gestão de ativos inclui os processos, os recursos, as competências e as tecnologias.

Figura 15 - Modelo de capabilidade de uma empresa

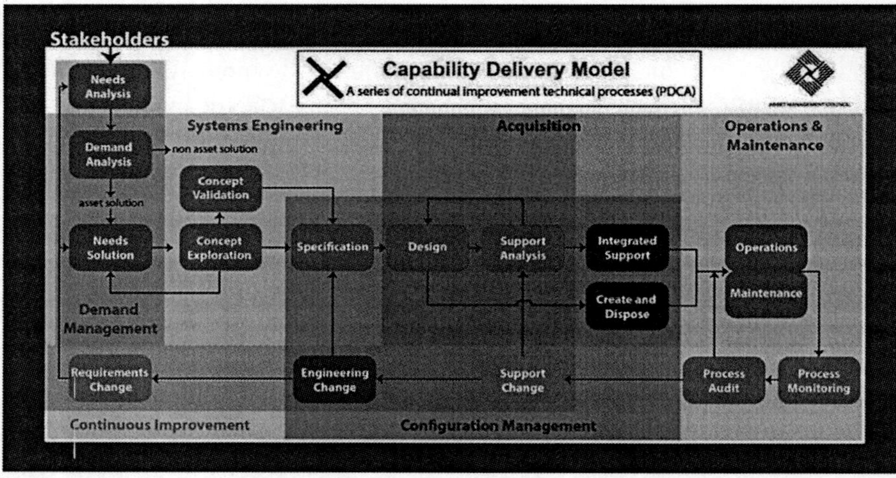

Fonte: ***Asset Management Body of Knowledge*, 2017**

6.5.3 Estratégia da Informação

A estratégia da informação precede do estabelecimento de uma política de gestão da informação e está intrinsecamente ligada ao processo de tomada de decisão e aos requisitos das partes interessadas. Em virtude deste fato, é imprescindível que a qualidade e a acurácia da informação balizem a estratégia da informação. Adicionalmente, tal requisito deve estar devidamente alinhado com os requisitos da empresa, aos aspectos financeiros e não financeiros, aos objetivos da gestão de ativos, bem como aos objetivos da organização.

A informação deve ser coletada, tratada e analisada. Além disso, a mesma deve estar associada à especificação, implementação e manutenção de um sistema de gerenciamento da informação. Isto se faz necessário, pois tal sistema deve garantir a consistência, segurança e a rastreabilidade de dados técnicos, financeiros e não financeiros.

6.5.4 Padrão de Informação

Tal requisito deve garantir a consistência do registro da informação, assim como deve estar vinculada à estratégia de informação dos ativos. Por esta razão, está associado ao método de registro e mensuração da qualidade e acurácia da informação.

Adicionalmente, o padrão de informação deve ser compreendido pelo plano, bem como pelo processo de comunicação. Desta forma, deverá estabelecer o que, quando, como e para quem será direcionado o fluxo da informação.

6.5.5 Sistema de Informação

Tal dimensão precede de uma política e de uma arquitetura de tecnologia de informação. Adicionalmente, o sistema de informação deve estar associado à estratégia de informação de um dado ativo organizacional, ao plano de comunicação da empresa e requer uma análise de custo X benefício. Tal requisito está relacionado às necessidades internas e externas de uma organização.

Visando otimizar os sistemas de informação de uma companhia, a mesma pode estabelecer um sistema para administrar seus ativos físicos, uma plataforma tecnológica para compreender seu sistema de governança e um sistema para realizar a gestão de configuração.

O *software Predix Asset Performance Management (APM)* da empresa GE é um exemplo de sistema que faz a gestão dos ativos físicos de uma organização. Tal software possui basicamente quatro dimensões que realizam efetivamente a gestão dos ativos físicos. São elas: *APM Health*, *APM Reliability*, *APM Strategy* e *APM Integrity*. Adicionalmente, possui uma dimensão de suporte denominada *Essencial*

Predix que suporta todo este processo por meio de ferramentas das fábricas inteligentes, ou seja, utilizam sistemas cyber-físicos, internet das coisas e computação em nuvem. O *APM Health* é destinado a cuidar da saúde dos ativos por meio de rotas de inspeção e gestão da calibração dos mesmos. O *APM Reliability* é orientado a realizar diagnósticos e análises de confiabilidade para mitigar as falhas potenciais, bem como realiza a análise de causa raiz para os casos em que ocorra a falha funcional. O *APM Strategy* visa suportar a tomada de decisão inerente aos ativos físicos por meio do balanceamento dos custos, riscos e desempenho. O *APM Integrity* é focado à verificar a integridade mecânica do ativo físicos por meio da inspeção baseada em risco, monitoramento de espessura e gestão da mudança.

A **Figura 16** demonstra as dimensões do software de gestão de ativos da empresa GE.

Figura 16 - Dimensões do sistema de gestão de ativos da empresa GE

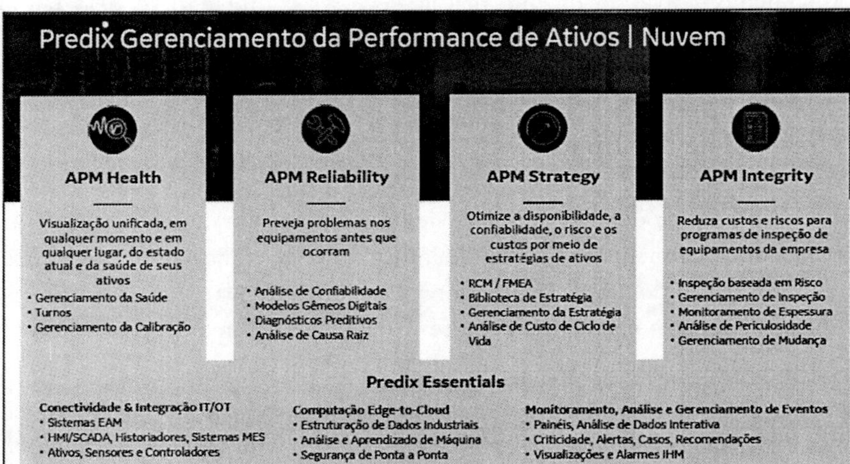

Fonte: https://www.ge.com/digital/applications/asset-performance-management, 2019

Os módulos que se encontram destacados das dimensões do *software Predix Asset Performance Management* na **Figura 16** demonstram que a implantação de tal software poderá ser feita por fases, a fim de melhorar a relação custo X benefício durante o processo de implementação.

Assim, entende-se que um sistema de informação deve ser adquirido, configurado, mantido e alinhado com a estratégia de informação da empresa.

6.5.6 Gestão de Dados e Informação

A gestão de dados e informação deve estar relacionada ao processo de governança da organização, a requisitos legais, regulatórios, contratuais, dentre outros. É imprescindível que todo o processo de coleta, registro e armazenamento de dados estejam documentados de modo claro e seguro dentro da empresa.

A extensão dos dados documentados e informação dependerá do regime de trabalho da empresa, do tipo de atividade, dos processos, produtos, ativos, interações e competência dos profissionais.

A criação e atualização de dados deve garantir a identificação, descrição, formato, mídia, revisão e aprovação do processo de adequação das mesmas.

O controle de dados deve compreender a distribuição, acesso, recuperação, utilização, armazenagem e controle das mudanças.

A sistematização de dados pela determinação de padrões é imprescindível, pois contribui para o fator educação, citando a base de aprendizado, desde a advento da **ISO-9000** (Sistema de Gestão da Qualidade), criando um cenário de conhecimento comum, com uma previsibilidade das metas determinadas como um fator de assertividade maior.

No caso das decisões em gestão de ativos tais como definição de intervalos de manutenção preventiva, estimativa de recursos de manutenção corretiva, momento ótimo para realizar a substituição de equipamentos, previsão de disponibilidade de uma planta etc, a presença de dados documentados e confiáveis é de fundamental importância. Somente na área de manutenção de uma empresa, todos os dias há geração de diversos dados tais como:

- Dados gerados pelas manutenções corretivas. São dados de tempo de vida de elementos substituíveis (em função do conhecimento das datas de instalação e data de falhas), dados de custo de equipes, custo de sobressalentes etc.
- Dados gerados pelas manutenções corretivas. São dados de tempo de opera-

ção (em função do conhecimento da data de instalação e data da substituição), dados de quantidades de equipes, dados de tempos de deslocamentos, dados de custo etc.

- Dados gerados pelas inspeções diversas. São dados de intervalo de tempo entre inspeções, de medidas de diversas grandezas (vibrações, temperatura, ruídos, corrente elétrica, espessuras etc.), dados de custos, dados de recursos de equipes etc.

Um exemplo numérico típico contribui para mostrar a importância da gestão de dados por meio de coleta, registros corretos, padronização e armazenamento. Considere o caso de um gerente de uma empresa que deseja obter suporte aos seguintes problemas: (1) Avaliar uma possível compra de um novo fabricante cujos rolamentos possuem **MTBF** igual a 34.000 horas e desvio padrão igual a 11.000 horas; (2) Determinar o momento de realizar as substituições preventivas de modo a minimizar o custo sabendo-se que o custo de manutenção corretiva é 5 vezes o custo de manutenção preventiva; (3) Avaliar os ganhos de confiabilidade em função de substituições para um horizonte de 60 mil horas de operação. Note-se que estas são questões típicas de gestão de ativos cujas decisões devem ser alinhadas com as decisões da empresa.

Ao se defrontar com este problema, como encontrar uma resposta? Algumas alternativas podem ser: (1) consultar alguém mais experiente; (2) fazer pesquisa no google; (3) ligar para colega de trabalho de outra empresa; (4) pedir sugestões aos mantenedores que conhecem o equipamento. No entanto, nenhuma destas alternativas geram o melhor resultado e nem permitem a realização de previsões precisas.

Neste contexto, a decisão gerencial correta depende de um suporte baseado em modelos matemáticos alimentado pelos dados reais encontrados em campo na empresa. São, portanto, exemplos de decisões cujo embasamento depende de dados. A seguir, um passo-a-passo da solução.

Passo 1: Inicialmente, deve-se realizar uma coleta de dados na empresa. Na **Tabela 1** a seguir mostra-se um conjunto de dados de tempo de vida dos rolamentos (hora) em uso e que se encontra nos registros da empresa.

Tabela 1 - Vida em horas de rolamentos

35.974,00	37.001,00	43.266,00	31.119,00
32.324,00	39.300,00	34.092,00	37.554,00
34.813,00	35.353,00	39.714,00	23.721,00

Passo 2: Realizar uma modelagem da variabilidade dos dados uma vez que mínimo é 23.721 horas e o máximo é 43.266 horas. Neste caso simples, assume-se que a distribuição normal seja apropriada em parte decorrente do modo de falha desgaste dos rolamentos. As estimativas de média e o desvio padrão da vida dos rolamentos são:

- Média = 35.352,58 horas
- Desvio padrão = 4.949,25 horas

Passo 3: Para avaliar o melhor fornecedor em termos de vida operacional assume-se que a variabilidade da vida dos rolamentos possa ser modelada por meio de uma distribuição normal devido às seguintes justificativas: (a) o principal modo de falha de rolamentos é, geralmente, desgaste e (b) a média da distribuição é 7 vezes a média de modo a reduzir a quantidade de números negativos. A seguir, mostra-se a **Figura 17** que apresenta um gráfico com as curvas de probabilidade de sobrevivência (confiabilidade) dos rolamentos dos fabricantes novo e existente.

Figura 17 - Curvas de confiabilidade dos rolamentos dos fabricantes novo e existentes

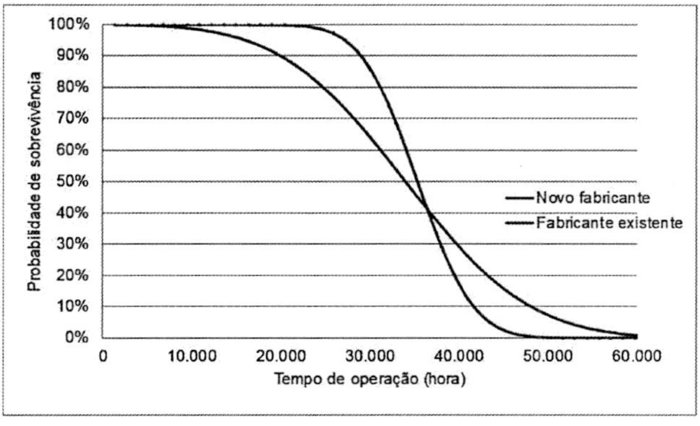

Fonte: Autores

Note que a probabilidade de sobrevivência para uma missão de 60 mil horas é zero para ambos os fabricantes, ou seja, nenhum deles sobrevive a este tempo. No entanto, para uma missão de 21.900 horas (2,5 anos) de operação não se esperam falhas do fabricante existente, ao passo que 13% dos rolamentos do fabricante novo falham. Por outro lado, para missões acima de 36 mil horas, uma maior fração de rolamentos do novo fabricante sobrevivem uma vez que a curva de probabilidade de sobrevivência (curva azul) se encontra acima da curva de confiabilidade dos rolamentos existentes (curva vermelha).

Logo, para cada decisão gerencial há um fabricante recomendado. Se a missão for de curto prazo (até 21.900 horas), então os rolamentos existentes são preferidos pela sua alta confiabilidade de curto prazo. Se a missão for superior a 36 mil horas de operação, então o novo fabricante deve ser selecionado uma vez que os rolamentos possuem maior confiabilidade no longo tempo de operação. Ressalta-se que estas análises são com foco em confiabilidade, sendo muito comuns em caso de mercado aquecido, casos de redução de risco para segurança, etc.

Passo 4: Estimativa do intervalo ótimo de substituição preventiva para minimizar o custo total de manutenção para os rolamentos do fabricante novo e existente. Neste caso, assume-se que o custo de manutenção corretiva seja 5 vezes aquele de manutenção preventiva.

Na **Figura 18** mostram-se as curvas de custo unitário para substituição preventiva, corretiva e total para o caso do rolamento do fabricante existente.

Figura 18 - Curvas de custo unitário para substituição preventiva, corretiva e total para o caso do rolamento do fabricante existente

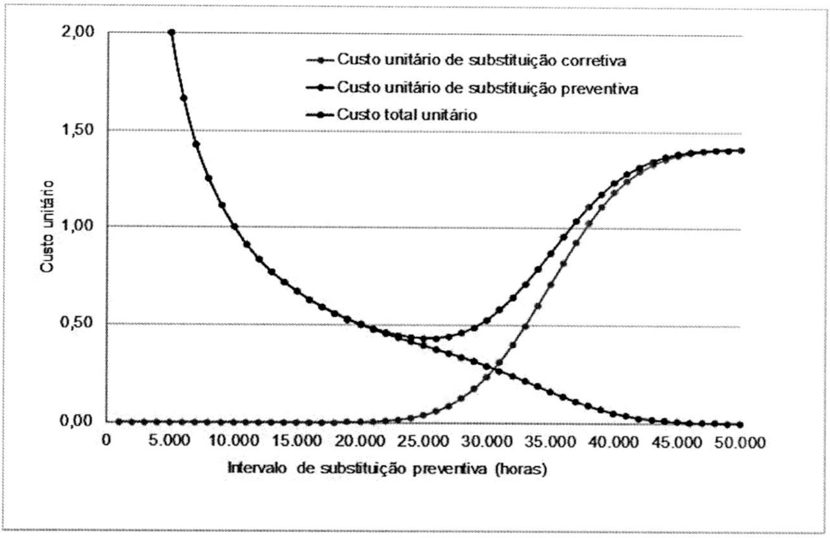

Fonte: Autores

Nota-se que o momento ótimo para realizar a substituição é em torno de 25 mil horas de operação para minimizar o custo total de manutenção. O custo mínimo é R$ 0,43 / hora. As decisões de substituições antecipadas ou após esta data (25 mil horas) implicam em aumento desnecessário de custo de manutenção (Isto porque há modelos para otimizar em relação à opção "eu acho" ou "vamos tentar isso").

Na **Figura 19** mostram-se as curvas de custo unitário para substituição preventiva, corretiva e total para o caso do rolamento do fabricante novo.

Figura 19 - Curvas de custo unitário para substituição preventiva, corretiva e total para o caso do rolamento do fabricante novo

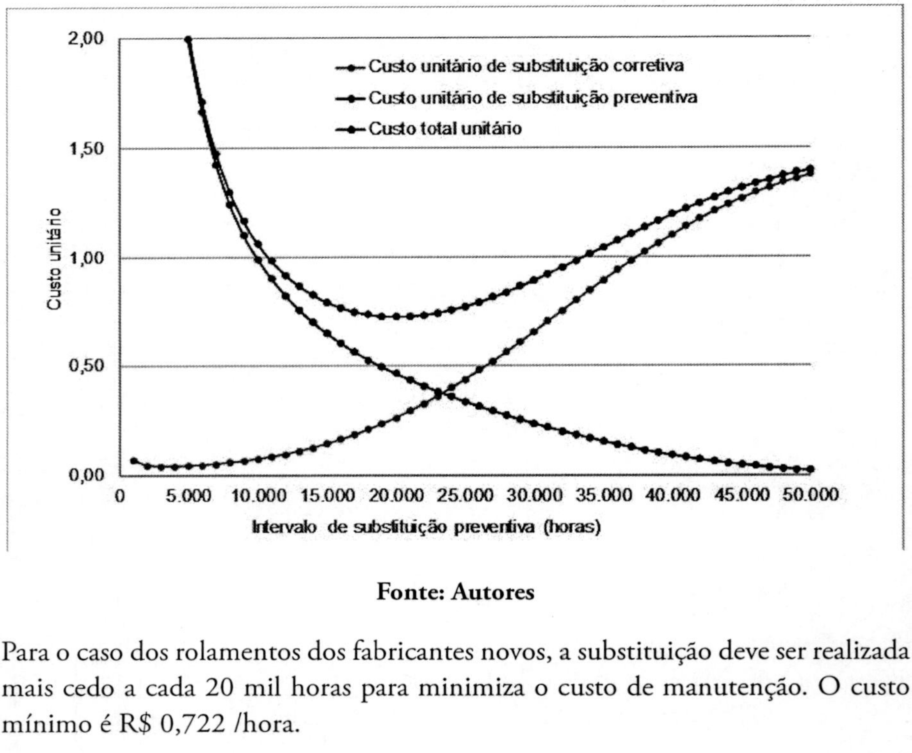

Fonte: Autores

Para o caso dos rolamentos dos fabricantes novos, a substituição deve ser realizada mais cedo a cada 20 mil horas para minimiza o custo de manutenção. O custo mínimo é R$ 0,722 /hora.

Portanto, uma análise rápida permite estimar o melhor fabricante em termos de custo para o longo prazo. Para um período de 100 mil horas de operação, tem-se:

- Fabricante novo: 20.000h* R$ 0,722/h * (100.000/20.000) = R$ 72.200,00
- Fabricante existente: 25.000h* R$ 0,435/h * (100.000/25.000) = R$ 43.500,00

Portanto, para uma política de minimização de custo de manutenção a decisão é de continuar com o rolamento existente. Para um horizonte de 11,5 anos de operação, evita um custo adicional igual a R$ 72.200,00 – R$ 43.500 = R$ 28.700,00. Nota-se que toda esta análise conclusiva foi possível somente por causa do registro de dados, documentação correta, padronização e possibilidade de acesso para tratamento e análise.

Passo 5: Estimativa do ganho de confiabilidade dos rolamentos existentes em função das substituições preventivas dos rolamentos em 30 mil horas de operação para uma missão de 60 mil horas.

Figura 20 - Comparação da confiabilidade de um rolamento com e sem atividades preventivas

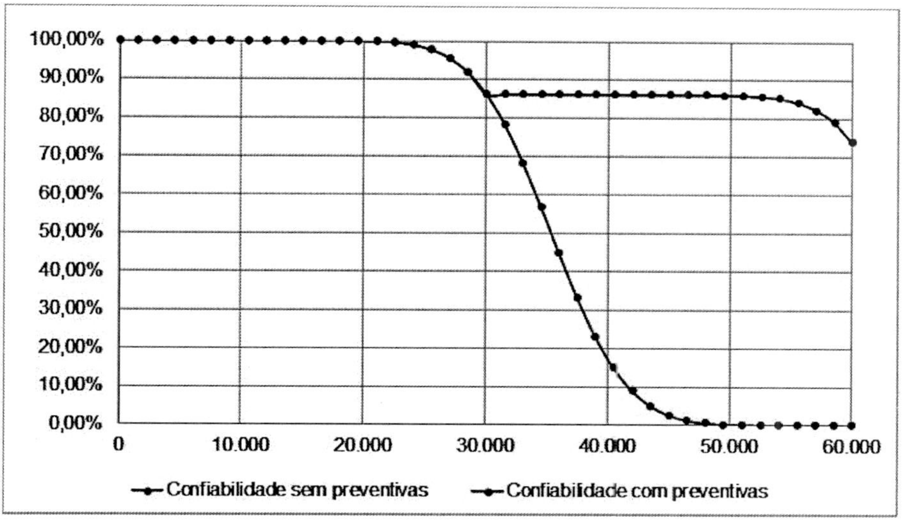

Fonte: Autores

Nota-se, a partir da **Figura 20** que a probabilidade de um rolamento funcionar por 60 mil horas é zero, mas ao se fazer a substituição em 30 mil horas de operação a probabilidade de sobrevivência sobe para 74%. Neste caso, interessante observar que a substituição implica em mais custo, mas aumenta a confiabilidade da função do rolamento.

Logo, a mensagem é clara: dados constituem em ativo valioso para as empresas.

6.5.7 Normas Técnicas

Tal dimensão está associada obrigatoriamente ao cumprimento das legislações, mais especificamente às relacionadas as normas técnicas regulamentadoras (NR's).

6.5.8 Gestão de Competências

A gestão de competência está vinculada à gestão do conhecimento, das habilidades e das atitudes dos profissionais. Por esta razão, está relacionada aos aspectos educacionais, níveis de treinamento e de experiência para a execução das atividades. Prima pela polivalência, trabalho em equipe e integração dos processos organizacionais. Desta forma, entende-se que tal dimensão está devidamente alinhada aos objetivos da gestão de ativos.

É de suma importância levar em consideração que a competência pessoal afeta diretamente o desempenho do ativo, da gestão de ativos, bem como do sistema de gestão de ativos.

Esta dimensão requer que o registro, assim como a informação seja documentada e, quando aplicável, submetida ao processo de gestão de mudanças *(**MOC** – Management of Change).*

6.6 Operação

Durante esta fase espera-se que o ativo físico desempenhe a sua função de acordo como ele foi concebido na engenharia conceitual, engenharia básica e engenharia detalhada. Isto se faz necessário para que o mesmo alcance os níveis de qualidade e confiabilidade previamente especificados. Trata-se do processo mais longo do sistema de gestão de ativos.

6.6.1 Análise do Ciclo de Vida (LCC)

A análise do ciclo de vida está associada à criticidade de um dado ativo físico, ao balanceamento entre custo, risco e desempenho, bem como a sua geração de valor.

A seguir, a **Figura 21** ilustrará as 7 (sete) etapas do ciclo de vida de um ativo físico.

Figura 21 – 7 Etapas do ciclo de vida de um ativo físico

Fonte: Braidotti, 2020

As 7 (sete) etapas do ciclo de vida de um ativo físico segue uma sequência estruturada conforme as fases apresentadas na **Tabela 2**:

Tabela 2 - As 7 etapas do ciclo de vida

	ETAPA	FASE
1	CONCEPÇÃO	IMAGINAÇÃO
2	DESENVOLVIMENTO	CRIAÇÃO
3	DETALHAMENTO	DECISÃO
4	COMPRA	AQUISIÇÃO
5	INSTALAÇÃO / COMISSIONAMENTO	PRECISÃO
6	OPERAÇÃO / MANUTENÇÃO	UTILIZAÇÃO
7	RENOVAÇÃO / DESCARTE	RECUPERAÇÃO / SUBSTITUIÇÃO

Fonte: Braidotti, 2020

Metodologia da Gestão do Custo do Ciclo de Vida dos Ativos Físicos

A Metodologia da Gestão do Custo do Ciclo de Vida dos Ativos Físicos (**LCC** – Life Cycle Cost), é uma ferramenta da Engenharia de Sistemas, que contribui decisivamente na entrega da melhor alternativa de compra (Fase da Aquisição), de manutenção (Fase de Utilização), da Renovação (Fase da Recuperação) ou do Descarte (Fase da Substituição).

Em qualquer uma destas alternativas, a aplicação desta metodologia é decisiva na oportunidade de proporcionar o melhor resultado para a empresa e, portanto, deve ser utilizada para os sistemas críticos, e para os projetos de alta complexidade.

O mercado global torna-se cada vez mais competitivo, e as empresas devem buscar continuamente economias dos custos totais dos seus processos produtivos, mantendo-se competitivo e aumentando a lucratividade das suas operações, e a utilização do **LCC** torna possível atingir esta condição através da melhor aplicação dos recursos disponíveis.

Entendendo que o custo total de um ativo físico em uma empresa, é composto pelo custo da Concepção (Fase da Imaginação), do Desenvolvimento (Fase da Criação), do Detalhamento (Fase da Decisão e Projeto), da Compra (Fase da Aquisição), da Instalação e do Comissionamento (Fase da Precisão), da Operação e da Manutenção (Fase da Utilização) e da Renovação e do Descarte (Fase da Recuperação ou da Substituição), conforme apresentado na **Figura 21** acima.

Com o principal objetivo de facilitar a aplicação desta metodologia da Gestão do Custo do Ciclo de Vida dos Ativos Físicos (**LCC**), foi desenvolvido um programa específico para este fim, denominado "**POAF**" (**Programa de Gestão da Obsolescência dos Ativos Físicos), conforme a Figura 22.**

Figura 22 - Programa POAF (Programa de Gestão da Obsolescência dos Ativos Físicos)

Programa POAF (Desenvolvido pela Braidotti Engenharia - 2018)

Este programa possui como principal objetivo, o cálculo anualizado do Custo Anual Equivalente (**CAE**), na qual representa o ano de referência na qual o ativo físico em questão irá apresentar o maior valor de contribuição para o resultado da empresa, ou seja, o menor "**CAE**" anualizado. Desta maneira, se entende que a partir deste ano, o valor de contribuição começa a cair, tornando este ativo físico não mais interessante para a empresa.

Concluindo, esta metodologia se caracteriza pela entrega da melhor estratégia financeira, da gestão dos ativos físicos, para a empresa, ou seja, propicia uma ótima visibilidade, com vários anos de antecedência, do momento em que o ativo físico irá apresentar uma inflexão no gráfico de tendência, conforme a **Figura 23**.

Figura 23 - Curva do Custo Anual Equivalente (CAE)

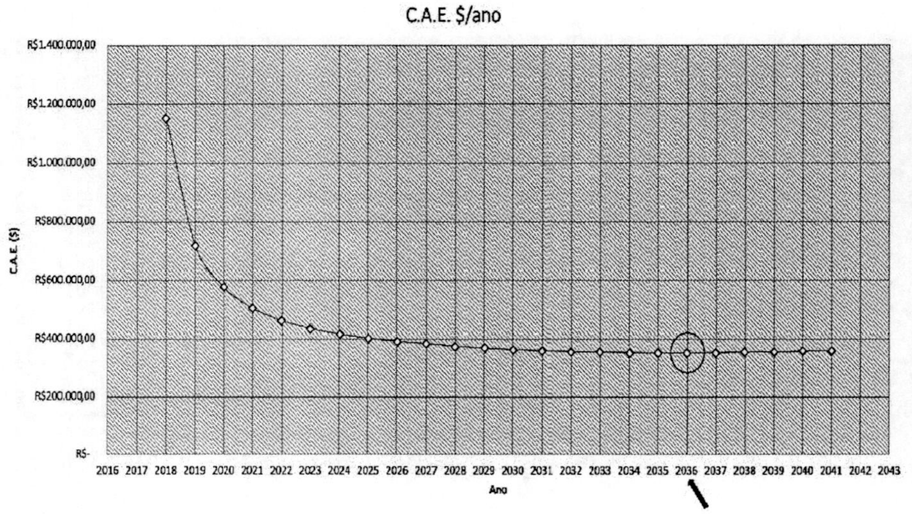

Fonte: Autores

Observação: O exemplo acima apresenta a indicação do ano (2036), na qual o ativo físico irá atingir o menor valor do **CAE** anualizado, ou seja, o maior valor de contribuição para o resultado financeiro na empresa.

6.6.2 Engenharia de Sistemas

A engenharia de sistemas é delimitada a um determinado escopo e requer a avaliação dos ativos ao longo do seu ciclo de vida. Tal engenharia é compreendida pela associação da engenharia de projetos, engenharia de confiabilidade, gestão de ativos, engenharia de manutenção e engenharia de paradas.

A seguir, a **Figura 24**, apresentará os limites de cada processo ao longo do ciclo de vida do ativo físico.

Figura 24 - Engenharia de Sistemas no ciclo de vida de um ativo físico

Fonte: Braidotti, 2020

6.6.3 Execução da Manutenção

Esta dimensão está totalmente vinculada à disponibilidade de recursos para a execução do sistema de gestão de ativos. Em virtude disto, este requisito deverá estar integrado com outras áreas da empresa, bem como estar associado ao planejamento de investimentos *(**CapEX** – Capital Expenditure)* e ao planejamento e programação da manutenção *(**OpEX** – Operational Expenditure).*

Adicionalmente, tal atividade dependerá de processos e procedimentos que subsidiarão as inspeções de campo com o objetivo de identificar um determinado modo de falha por componente crítico.

A seguir, a **Figura 25** apresenta o digrama **P-F** que demonstra o trajeto entre a falha funcional e as falhas potenciais. As falhas potenciais devem ser identificadas por meio de técnicas de manutenção preditiva. Já a falha funcional normalmente ocorre junto as manutenções corretivas.

Figura 25 - A relação entre a falha funcional e a falha potencial

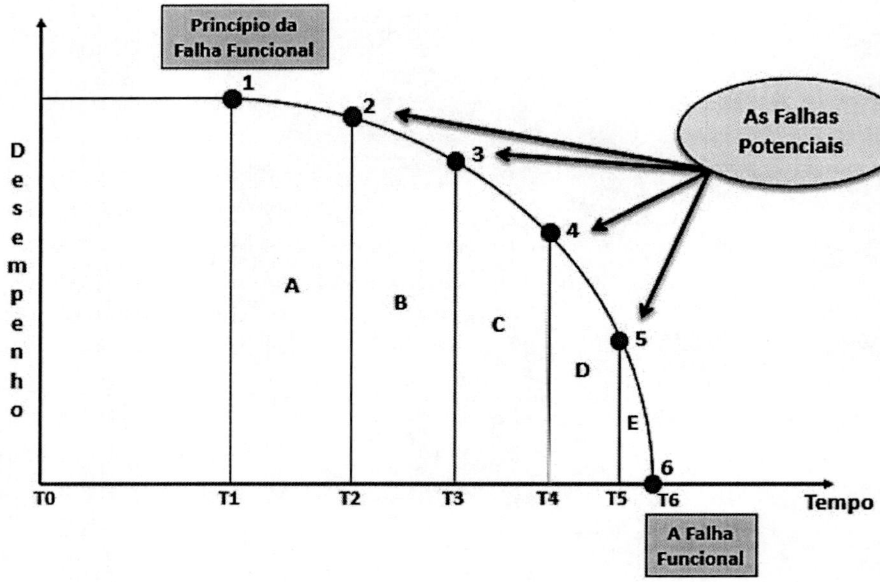

Fonte: Braidotti, 2016

6.6.4 Engenharia de Confiabilidade

A engenharia de confiabilidade requer o conhecimento de todo o processo de uma dada organização. Tal dimensão se integrará continuamente com as outras áreas da companhia, como: operação, RH, finanças e outros. Esta disciplina da engenharia pode ser aplicada desde a fase de projeto do ciclo de vida de um ativo.

De maneira mais específica, as técnicas de confiabilidade poderão ser aplicadas mesmo que os ativos físicos ainda não estejam instalados e tão pouco comissionados. Tal requisito prima pela realização de estudos e modelagens probabilísticas com o objetivo de otimizar o intervalo de manutenção preventiva. É importante salientar que a confiabilidade foca no sistema, ou seja, na entrega. Entretanto, a manutenção foca no equipamento. Considera-se tal fato como a principal diferença entre tais áreas.

Contudo, a união entre elas faz surgir o foco na funcionalidade dos ativos físicos que é o ponto principal da gestão de ativos, uma vez que a criticidade do equipamento é dada pela sua função e importância no processo produtivo.

6.6.4.1. A importância da Confiabilidade na Gestão de Ativos

Para extrair o máximo valor dos ativos, a fim de que a organização atinja seus objetivos estratégicos, é necessário que a implementação de um sistema de gestão de ativos seja suportada pela Engenharia de Confiabilidade. Essa disciplina que combina física, engenharia e estatística, fornece as ferramentas de análise para que uma companhia consiga analisar seu desempenho operacional durante todo o ciclo de vida dos seus ativos.

A engenharia de confiabilidade agrega valor nas decisões que antes eram tomadas de maneira subjetivas, como por exemplo: Elaboração de Planos de Manutenção através de experiência, intuição ou recomendações do fabricante; dimensionamento da força de trabalho com base no volume histórico de ordens; excesso de sobressalentes destinados ao estoque, por solicitação do executante que, geralmente, possui aversão ao risco; alocação de verba de investimento para a área de manutenção que possui maior capacidade de negociação ou influência, etc.

A partir das ferramentas de engenharia de Confiabilidade, será possível traduzir todo esse sentimento em previsibilidade, com curvas de densidade de probabilidade, tornando a decisão não mais subjetiva, mas com alto nível de confiança e otimizada. Logo, a organização poderá avançar na melhoria do desempenho operacional, com menos recursos, controlando os riscos de maneira sustentável em todo o ciclo de vida dos ativos. Os planos de manutenção podem ser revisados, para que seja feito apenas o que é necessário para preservar a função do equipamento, com intervalos de tarefas otimizados; as equipes são dimensionadas não mais com base em histórico da carga de trabalho, mas com base nos novos planos e na previsibilidade de corretivas; os níveis de estoque são ajustados com base na previsibilidade de consumo e na seleção daquilo que é estratégico e os investimentos são priorizados a partir da monetização do risco.

A **Figura 26** abaixo apresenta os principais métodos quantitativos e qualitativos contidos na Engenharia de Confiabilidade que trazem suporte ao sistema de Gestão de Ativos, a fim de que valor seja gerado ao negócio:

Figura 26 - Métodos de Confiabilidade como suporte aos Requisitos da Gestão de Ativos

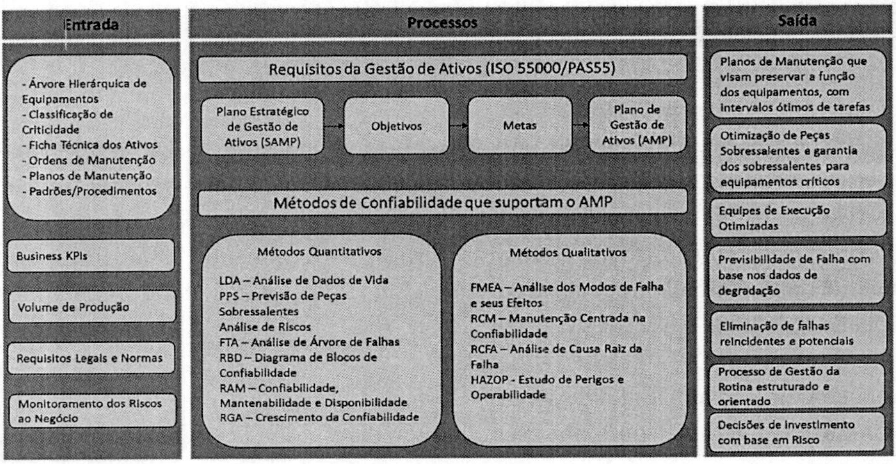

Fonte: Autores

6.6.4.2. Gerenciando Riscos na prática

O risco é o efeito da incerteza nos objetivos. Usualmente, o risco (R) é considerado como a combinação da probabilidade (P) e das Consequências / Danos (D) e pode ser definido através da seguinte expressão:
Risco = Probabilidade x Consequência

Onde:
R = Risco (precisa ser monetizado)
P = Probabilidade de Ocorrência do Evento (Chance de algo acontecer).
C = Consequência ou Magnitude da Perda (Somatório dos valores dos danos associados).

Caberá a organização definir sua Matriz de Risco, com os critérios de severidade e de frequência, para identificar aquilo que é aceitável, moderado ou inaceitável e, portanto, tomar decisões que busquem a máxima performance dos ativos, porém com riscos controlados. A **Figura 27** mostra um modelo de matriz de risco.

Figura 27 - Modelo de Matriz de Riscos

Matriz de Risco					
Severidade / Frequência	Desprezível	Marginal	Moderada	Crítica	Catastrófica
Extremamente Remota	C	B	A	A	A
Remota	C	B	B	A	A
Ocasional	C	C	B	B	A
Provável	D	C	C	B	B
Frequente	D	D	C	C	B
A = Intolerável B = Indesejável C = Tolerável D = Desprezível					

Fonte: Autores

6.6.4.3. A Engenharia de Confiabilidade na Monetização de Risco

Para a monetização de risco, antes é necessário conhecer a probabilidade de ocorrência de um evento (exemplo: falha de um ativo). Porém, como isso é possível, sem antes conhecer a Performance de Confiabilidade desse ativo? Torna-se, então, necessário que a organização estabeleça um programa de gerenciamento da performance dos seus ativos, cujo propósito é quantificar, testar, reportar a confiabilidade dos seus ativos e monitorar seus principais KPIs.

Um bom programa de gerenciamento da performance dos seus ativos, deve ter as ferramentas de confiabilidade, estruturadas e ordenadas, conforme recomendado abaixo (**Figura 28**), de acordo com o processo DMAIC (D-Define, M-Measure, A-Analyse, I-Improve e C-Check).

Figura 28 - Programa Estruturado de gerenciamento da Performance dos Equipamentos

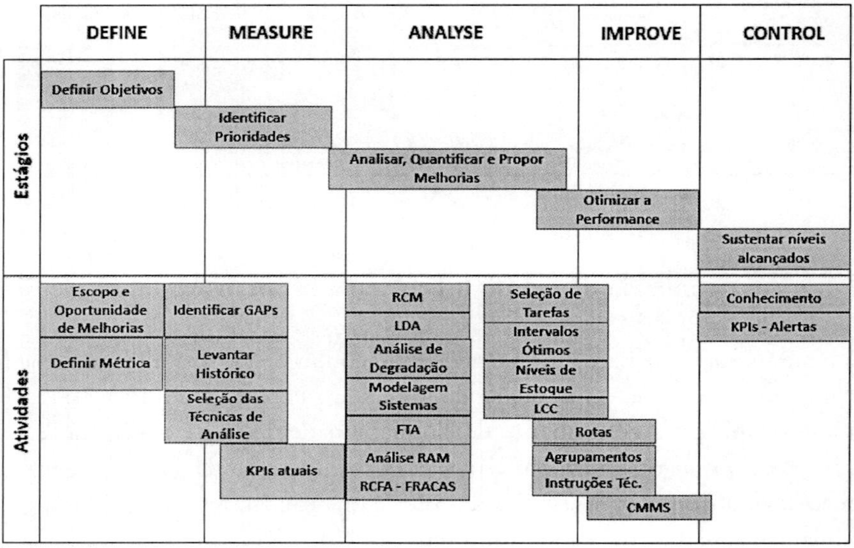

Fonte: Adaptado de *Reliasoft Corporation*, 2015

No item a seguir serão abordadas algumas ferramentas que se aplicadas de maneira estruturada, tornarão possível o pleno conhecimento da performance dos ativos (a probabilidade de ocorrência de falha ao longo do tempo, a confiabilidade, a taxa de falha, a vida média, a disponibilidade, os itens que mais falham, as causas primárias de falha, etc.).

6.6.4.4. Ferramentas de Confiabilidade e suas aplicações práticas

RCM – Manutenção Centrada na Confiabilidade

A metodologia **RCM** ou Manutenção Centrada na Confiabilidade é um processo usado para determinar o que deve ser feito para assegurar que qualquer ativo físico continue a fazer o que seus usuários querem que ele faça, no seu contexto operacional presente. O objetivo principal do **RCM** é a elaboração de planos de manutenção efetivos que garantam o aumento do desempenho operacional. Outros benefícios também são esperados:

- Conhecimento profundo dos sistemas estudados (funcionamento, componentes necessários, possíveis falhas, efeito das falhas, etc.);
- Aumento da Segurança Pessoal;
- Aumento da segurança e integridade ambiental;
- Aumento da disponibilidade e confiabilidade da planta;
- Maior motivação das equipes de manutenção;
- Melhor base de dados da manutenção e operação;

Para ser desenvolvida, essa metodologia utiliza sete perguntas sobre cada item em revisão ou sob análise crítica, para que seja preservada a função do sistema produtivo, a saber (MOUBRAY, 2000):

1. Quais são as funções e padrões de desempenho do ativo no seu contexto atual de operação?
2. De que forma ele falha em cumprir sua função?
3. O que causa cada falha funcional?
4. O que acontece quando ocorre cada falha?
5. De que modo cada falha importa?
6. O que pode ser feito para predizer ou prevenir cada falha?
7. O que deve ser feito se não for encontrada uma tarefa proativa apropriada?

De acordo com as respostas dadas às perguntas acima, a metodologia **RCM** vai sugerir e direcionar o replanejamento do programa de manutenção, de modo a se estabelecer o nível de desempenho aceitável por quem aplica esta metodologia. As respostas para as perguntas básicas da metodologia **RCM** podem ser desenvolvidas em sete etapas, como definido a seguir (KRONER, 1999):

Etapa 1: Selecionar os sistemas do processo, os quais serão submetidos à aplicação do **RCM** e a descrição dos seus contextos operacionais.

- Qual a importância deste sistema no negócio da empresa?
- Como é o processo produtivo e quais os padrões de desempenho?
- Existe redundância em caso de falha?
- Quais as leis ambientais, normas e riscos envolvidos?
- Quais são as fronteiras consideradas para o estudo?
- Qual o descritivo básico de cada sistema?

Etapa 2: Definir as funções e parâmetros de desempenho desejados

- Definir o desempenho desejado de cada ativo.
- Listar as funções primárias (funções que justificam porque o item foi adquirido).
- Listar funções secundárias (funções reconhecidas e desejadas para que o item faça, além das funções primária, como por exemplo: funções de segurança, controle, conforto, economia, entre outras.

Passo 3: Determinar as falhas funcionais

- Uma falha é definida como a perda da função. Uma falha funcional é definida como a incapacidade de qualquer ativo de cumprir uma função, para um padrão de desempenho que é aceitável pelo usuário. Os padrões de desempenho devem ser definidos em conjunto pelas áreas de engenharia, operação e manutenção.

- Falhas Totais e Parciais: A definição de falha funcional total significa perda total da função. Nesta situação, há uma completa ausência da função. A falha parcial é uma degradação parcial do nível de desempenho esperado e também deve ser listada no estudo.

Passo 4: Determinar o modo de falha, seus efeitos e consequências

Uma vez que cada falha funcional foi identificada, o próximo passo é buscar identificar todos os eventos prováveis (modo de falha) que causam cada falha funcional, os efeitos e suas consequências, como indica o exemplo da **Figura 29.** O processo de antecipar, prevenir, detectar ou corrigir a(s) falha(s) funcional (ais) é aplicado a cada MODO DE FALHA, individualmente, ou seja, "a manutenção é gerenciada ao nível individual de cada modo de falha".

Após a identificação dos modos de falha, devem ser relatados os efeitos da falha no processo. O efeito é a notícia da falha, devendo ser relatado tudo que acontece quando a falha ocorre.

Figura 29 - Etapa de Análise dos Modos de Falha e seus Efeitos no RCM

Função		Falha Funcional		Modo de Falha		Efeito da falha *(O que acontece quando falha)*
1	Bombear água do Tanque A para o Tanque B a, no mínimo 300 litros por minuto	A	Não bombear quantidade de água alguma	1	Rolamento engripado	O motor para e o alarme associado soa na sala de controle. O alarme de nível baixo do Tanque B soa após 20 minutos e o tanque seca em 30 minutos. O tempo de *paralização* para a substituição do rolamento é de aproximadamente 4 horas.
				2	Acoplamento cisalhado	O motor não para, mas o alarme de nível baixo do tanque soa após 20 minutos. O tempo de *paralização* para a substituição do acoplamento é de aproximadamente 3 horas
		B	Bombear menos que 300 litros por minuto	3	etc...	O nível do tanque B gradualmente cai, até que o alarme de NB soa. O tempo de *paralização* para a substituição do propulsor é de aproximadamente 2 horas

Fonte: Autores

A partir dos efeitos relacionados, devem ser classificadas as consequências de cada falha (se é evidente ou oculta, se há impacto à segurança ou ao meio ambiente e se afeta ou não afeta à operação, conforme a **Figura 30**).

Figura 30 - Tabela de Decisão para seleção da estratégia de Manutenção

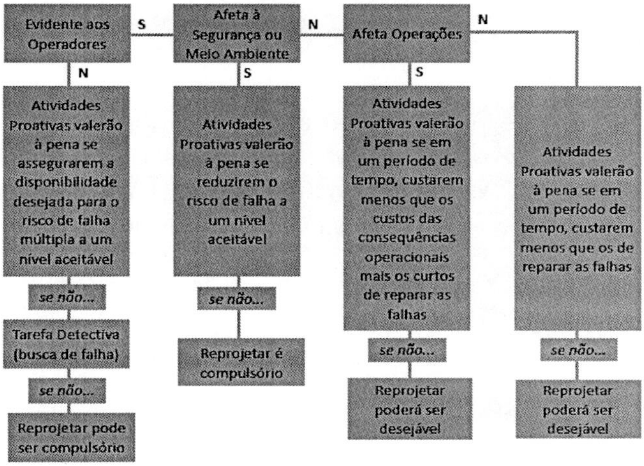

Fonte: Autores

Passo 5: Selecionar o tipo de manutenção

Após a conclusão da classificação das funções, falhas funcionais, modo de falha e seus efeitos, selecionar o tipo de manutenção preventiva tecnicamente adequado para assegurar que a falha não acontecerá e se acontecer, que os seus efeitos sejam adequadamente tratados. Os tipos de manutenção preventivas são mostrados na **Figura 31** junto a suas respectivas descrições

Figura 31 - Tipos de Tarefas Proativas e Reativas e suas características

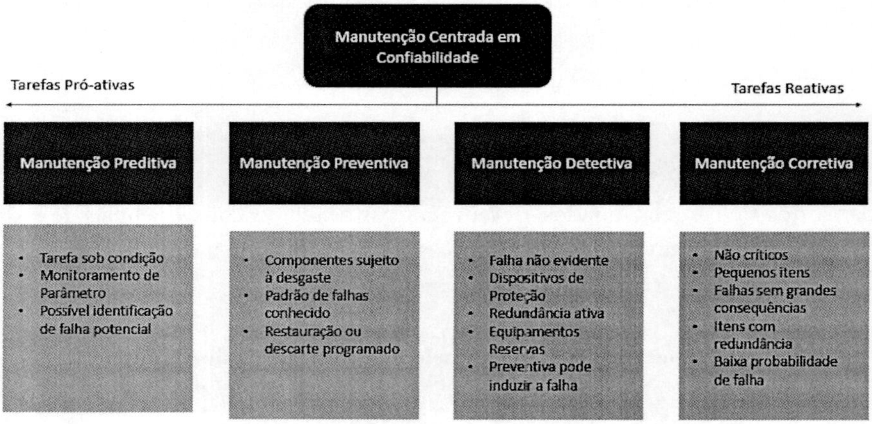

Fonte: Autores

Para definir o tipo de tarefa, é necessário que sejam conhecidos os padrões de falha dos componentes em avaliação. A metodologia que tornará isso possível será a Análise de Sobrevivência ou Análise de Dados de Vida que será abordada neste capítulo.

Passo 6: Formular e implementar o plano de manutenção

Ao iniciar a formulação do plano de manutenção, e posterior implantação das recomendações do **RCM**, é conveniente comparar estas recomendações com as atividades de manutenção já existentes no programa de manutenção. Além disso, esta é a fase mais crítica, pois em muitos casos o facilitador do estudo emite a lista de tarefas recomendadas, que por diversos entraves não são implantadas no programa de manutenção.

Portanto, seguem algumas recomendações:

- Inclua a figura do planejador no grupo de estudo;
- Na definição das tarefas, já faça um pré-detalhamento de cada tarefa selecionada;
- Agrupe as tarefas por equipamento/sistema, de acordo com os intervalos de manutenção estabelecidos. Busque conciliar tarefas de ciclos muito próximos (a confiabilidade de sistemas ajuda nisso).
- Aproveite o estudo para levantar os sobressalentes necessários. Não deixe isso para depois, caso contrário acarretará retrabalho.
- O projeto só termina com os planos implantados e programados no **CMMS**, com um diagnóstico do antes e depois e uma ação planejada de verificação de eficácia.

A estrutura do texto que comportará as tarefas de manutenção deve ser construída conforme a **Figura 32** abaixo. Nesta estrutura, o texto é constituído de uma ação com verbo no infinitivo (Ex.: Apertar, limpar, lubrificar, etc.), um objeto e local utilizados para situar o ponto onde a ação será aplicada, um método ou ferramental que indica qual o sentido humano ou ferramenta que deverá ser utilizada para executar a ação e uma medida padrão que quantifica o parâmetro de qualidade a ser buscado pela tarefa de Manutenção.

Figura 32 - Modelo para estruturação do texto que comportará as tarefas de manutenção

Medir o valor da condutância das baterias da UPS no **Shelter, com o analisador de condutância** (Referência 1310 S)

Ação	Objeto	Local	Método ou Ferramental	Medida Padrão

Fonte: Autores

Passo 7: Melhoria contínua

Em todo processo de melhoria contínua, revisões periódicas são mandatórias. O objetivo destas atividades contínuas de revisão periódica é melhoria na qualidade da manutenção e a disponibilidade dos recursos, identificar a necessidade de expandir o programa RCM, reagir a mudanças na indústria e nas condições econômicas. Sempre existe um modo melhor de fazer as coisas.

LDA – Análise de Dados de Vida

A análise de Dados de Vida utiliza metodologias estatísticas para construir modelos probabilísticos, a partir dos dados de vida dos ativos, tais como: tempo até a falha, tempo para reparo, etc. A partir dos modelos probabilísticos, baseados em distribuições estatísticas (**Tabela 3**), é possível tirar conclusões a respeito do comportamento de vida de determinado componente, utilizando-se de métricas conhecidas na Engenharia de Confiabilidade, tais como: Confiabilidade, Probabilidade de Falha, Vida BX, Vida Média, Vida Mediana, Confiabilidade Condicional, etc.

Tabela 3 - Exemplos de Distribuições utilizadas na análise de dados de Vida

Distribuições	Função risco de falha
Distribuição de Poisson	$P(n)=\dfrac{e^{-\lambda t}\cdot(\lambda t)^{n}}{n!}$
Distribuição Exponencial Negativa	$F(t)=1-\exp(-\lambda t)$
Distribuição de Weibull	$F(t)=1-\exp\left(-\left(\dfrac{t-t_0}{\eta}\right)^{\beta}\right)$
Distribuição LogNormal	$F(t)=\phi\left[\dfrac{Ln(t-t_0)-Ln\beta}{\alpha}\right]$

Fonte: Autores

Exemplo: Na **Tabela 4** mostram-se dados das variáveis tempo até a falha e tempo de reparo provenientes de 100 compressores que não são reparáveis.

Tabela 4 - Tempos para Falhar de um conjunto de compressores

Tempo atá a falha (horas)	Frequência Observada	Tempo de reparos (horas)	Frequência Observada
0 até 300	0	0 até 1	0
300 até 600	0	1 até 2	0
500 até 800	2	2 até 3	1
800 até 1.100	9	3 até 4	4
1.100 até 1.400	16	4 até 5	27
1.400 até 1.700	29	5 até 6	39
1.700 até 2.000	23	6 até 7	11
2.000 até 2.300	13	7 até 8	9
2.300 até 2.600	7	8 até 9	7
2.600 até 2.900	1	9 até 10	2
Total	100	Total	100

Fonte: Autores

A partir desses dados de frequência, é possível obter os histogramas de falha e de reparo, conforme a **Figura 33**:

Figura 33 - Histograma de falha (esquerda) e reparo (direita) dos compressores

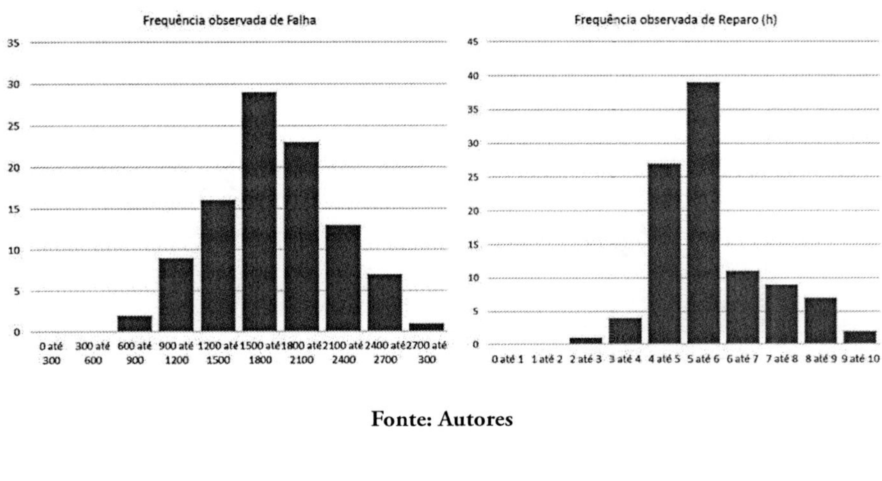

Fonte: Autores

Por meio de um teste de aderência, é possível obter a distribuição estatística que melhor modela esses dados. Por exemplo: Para os dados de falha dos compressores, foi possível encontrar a distribuição de Weibull (t0 = 526,09 horas, β = 3,07 ; η = 1.370 horas; valor de Lk = -179) e para os dados de reparo, foi possível encontrar a distribuição Lognormal (Log-Média = 1,77 horas; Log-Desvio Padrão = 0,33 horas; valor de Lk = -210).

Figura 34 - Distribuição de densidade de falha (esquerda) e de reparo (direita) dos compressores

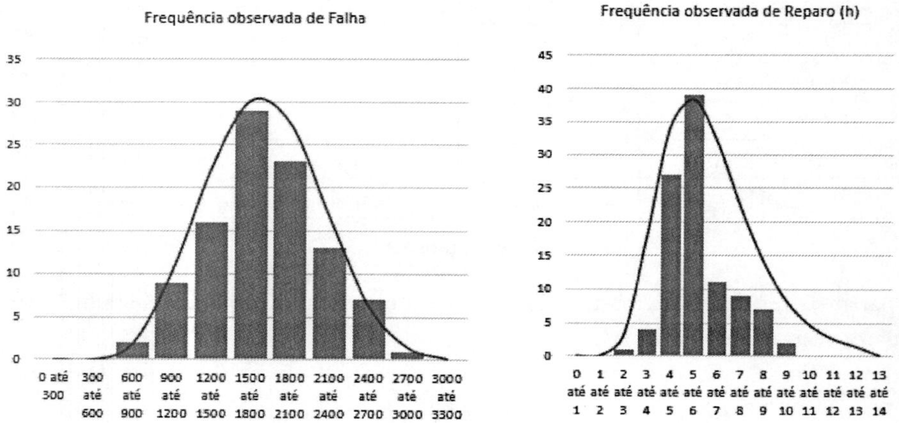

Fonte: Autores

Uma vez encontrada a distribuição de densidade de probabilidade de falha para determinado componente, é possível encontrar o valor da probabilidade de falha, num dado intervalo de tempo t, por meio da integração da função densidade de probabilidade num intervalo de 0 a t, como mostra a **Figura 35**.

Figura 35 - Função densidade de probabilidade num intervalo de 0 a t

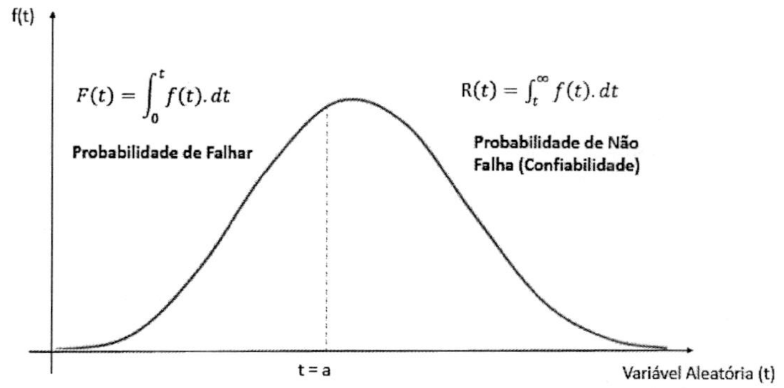

Fonte: Autores

Além da função Probabilidade de falha, F(t) e da função Confiabilidade, R(t), é possível encontrar a função taxa de falha (hazard), H(t), a partir da qual é possível conhecer o comportamento de vida do componente. Algumas possibilidades do comportamento de H(t) são mostradas na Figura 36.

Figura 36 - Curvas de taxa de falha e suas características

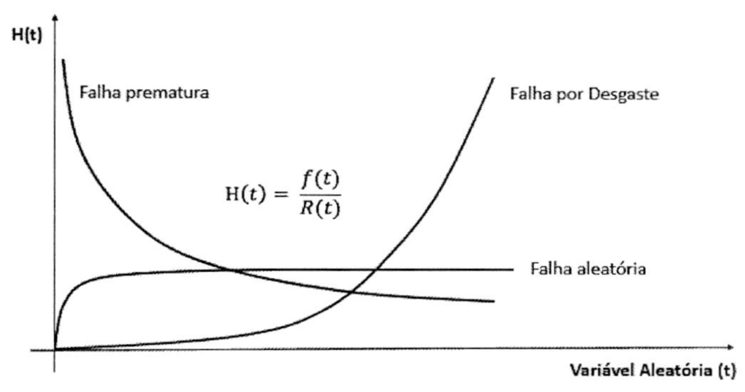

Fonte: Autores

Quando essas curvas forem geradas, os comportamentos de falha dos componentes críticos se tornam conhecidos. Logo, torna-se possível estabelecer a estratégia de manutenção e os intervalos ótimos das tarefas, minimizando o custo de manutenção e maximizando a disponibilidade dos ativos. Portanto, para garantir que os ativos críticos cumpram sua função no máximo desempenho, menores custos e riscos controlados, é necessário estabelecer na política de manutenção que todas as tarefas do programa tenham seus intervalos estabelecidos por meio de uma análise quantitativa com base nos dados obtidos no histórico de manutenção.

a. Cálculo de Intervalo Ótimo para manutenção preventiva

Para que a manutenção preventiva seja aplicada, duas condições precisam ser plenamente satisfeitas:

- O equipamento deverá apresentar um crescimento da taxa de falha, isto é, a taxa de falha do sistema aumenta com o tempo (há desgaste, fadiga, etc.).
- O custo total da manutenção preventiva deverá ser menor que o custo total de uma manutenção corretiva.

A primeira condição pode ser verificada a partir do levantamento das curvas de densidade de probabilidade de Falha, Confiabilidade e Taxa de falha no tempo. Se houver taxa de falha crescente, a primeira condição será atendida.

Já a segunda condição poderá ser verificada através de uma avaliação dos custos de manutenção. Para isso, torna-se necessário levantar todos os custos que envolvem a troca/reposição num cenário planejado (preventiva) e a manutenção num cenário não planejado (corretiva). Exemplo: Custos com materiais, mão de obra, hora-extra, lucro cessante, multas, danos secundários, etc.

Satisfeitas as duas condições, o intervalo ótimo pode ser calculado através da função Custo total de troca esperada por ciclo (CPUT), conforme a seguir:

$$CPUT = \frac{Cp \cdot R(t) + Cu \cdot (1 - R(t))}{\int_0^t R(s) \cdot ds}$$

R(t) = Confiabilidade
Cp = Custo da troca num cenário planejado
Cu = Custo da troca num cenário não-planejado

O intervalo ótimo encontrado será o valor de t que minimiza a função CPUT(t).

Exemplo: Supondo um equipamento com um β de 2,95 e um η de 1.194,6 horas, com uma relação de custo planejado e custo não planejado de 1 para 5, é possível encontrar o intervalo ótimo próximo a 600 horas (Figura 37).

Figura 37 - Gráfico da Função Custo Total de Troca Esperada por Ciclo.

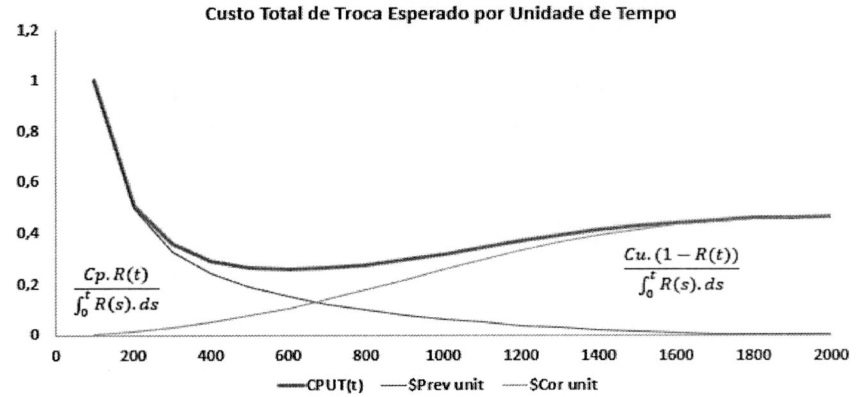

Fonte: Autores

Realizar a tarefa preventiva num intervalo inferior a 600 horas pode acarretar desperdício de recursos (gasta-se mais do que precisaria em preventivas) e fazer a preventiva num intervalo superior a 600 horas pode acarretar prejuízo, em função do aumento do risco de falhas.

b. Cálculo de Intervalo Ótimo para manutenção Detectiva

A Manutenção Detectiva é aquela aplicada quando a perda da função não é evidente nas condições normais de operação. Ela tem por objetivo evitar a falha catastrófica, que é a perda do dispositivo de proteção, na falha da função protegida.

Figura 38 - Esquema da ocorrência da falha catastrófica

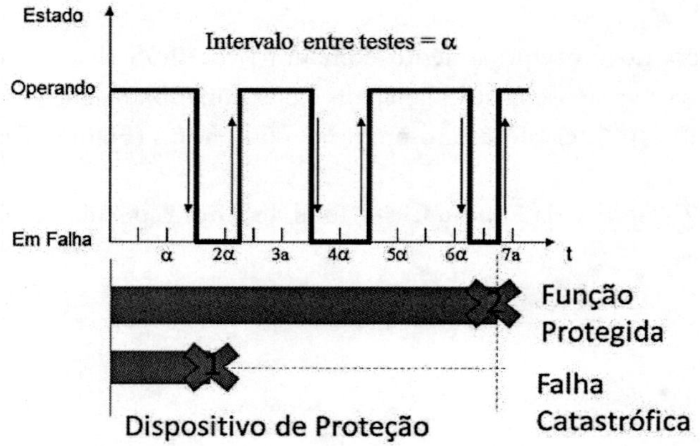

Fonte: Autores

São exemplos de equipamentos sujeitos à manutenção detectiva:

- Equipamentos de Proteção, como sistemas de alarme;
- Equipamentos Reservas;
- Redundância Ativa;

O intervalo ótimo para manutenção detectiva é aquele que maximiza a Disponibilidade do sistema e é calculado através da função abaixo:

$$A(t) = \frac{(T - t_0)\cdot[1 - F(t)] + \int_0^{T-t_0} t.f(t).dt}{(T - t_0) + T_i + T_r.F(t)}$$

A(t) = Disponibilidade

T = Intervalo da Tarefa Detectiva
F(t) = Função Probabilidade de Falha Acumulada
Ti = Tempo de execução do teste
Tr = Tempo de reparo, caso a falha oculta seja identificada

Exemplo: Considere um caso de redundância ativa, cujo equipamento reserva apresenta um β de 3,57 e um η de 5.765 horas. O tempo de execução do teste é de 2 horas. Caso encontre, uma falha oculta, o reparo ocorre em 8 horas. Este equipamento opera como reserva numa situação "Hot-Standby" (Figura 39).

Figura 39 - Relação do intervalo de tarefa e da disponibilidade

Disponibilidade	Tempo (horas)	Intervalo ótimo
0,99598	500	Intervalo ótimo para Manutenção Detectiva é de 1100 horas
0,99662	600	
0,99704	700	
0,99732	800	
0,99750	900	
0,99759	1000	
0,99760	**1100**	
0,99753	1200	
0,99739	1300	
0,99718	1400	

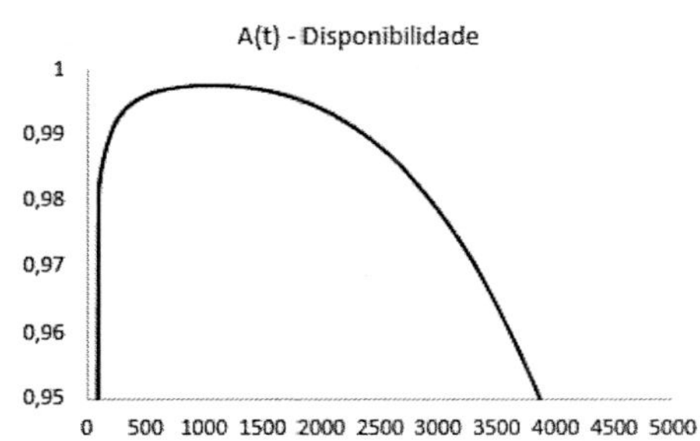

Fonte: Autores

O intervalo ótimo para manutenção detectiva é 1.100 horas, pois é aquele que maximiza a Disponibilidade do sistema redundante.

c. Cálculo de Intervalo ótimo para manutenção Preditiva

As manutenções preditivas são tarefas de manutenção que visam identificar as falhas potenciais (uma condição num equipamento que pode ser detectada e indica que uma falha funcional vai ocorrer). Da mesma maneira que é possível estimar um intervalo de tempo para a restauração ou descarte programado de um componente, é possível considerar, em alguns casos, que existe um intervalo de tempo em que as equipes de manutenção podem utilizar em seu benefício para eliminar potenciais falhas, antes que elas venham a acontecer. Atualmente existem diversas ferramentas muito confiáveis que são utilizadas para tarefas preditivas, tais como: análise de vibrações, análise de óleos, termografia, ultrassom, etc.

A curva **P-F**, como mostrada na **Figura 40**, analisa o comportamento dos ativos de manutenção desde o início da falha potencial até ao momento em que esta acontece. Na figura abaixo, podemos verificar que desde o ponto em que conseguimos detectar a potencial falha, até que a falha se manifeste, existe um intervalo de tempo em que se pode planejar a intervenção de forma organizada, e com custos inferiores aos do reparo após a falha. Para que seja possível predizer e evitar a falha, o intervalo de inspeção precisa ser inferior ao intervalo **P-F**, conforme ilustrado abaixo:

Figura 40 - Curva de Performance do Equipamento (intervalo PF)

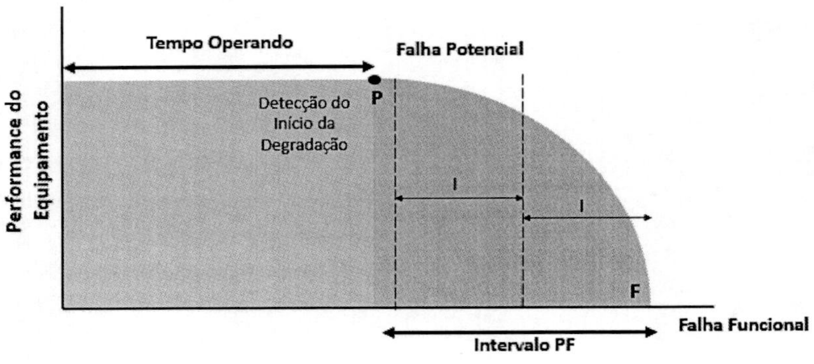

Fonte: Autores

A literatura recomenda I = PF/n (com n dependendo da consequência da falha). Porém, é possível encontrar o intervalo ótimo para as tarefas preditivas, por meio da equação abaixo:

$$C(T) = \frac{K_i}{T - t_0} + K_C.\lambda(t) + \frac{K_V.\left[1 - R(t)\right]}{\int_0^{T-t_0} (T - t_0).f(t).dt}$$

C(T) = Custo total esperado;
Ki = Custo de Inspeção;
Kv = Custo de substituição na manutenção planejada;
Kc = Custo de substituição na manutenção não planejada;

O valor de T que minimiza a função custo, será o tempo ótimo T para a execução da tarefa Preditiva.

Exemplo: Encontrar intervalo ótimo para a tarefa de medição de vibração de uma bomba, cuja degradação segue os parâmetros $\beta = 3{,}7$, $\eta = 6.500$ e t0 = 30800 (tempo livre de degradação), considerando o custo da medição de vibração igual a R$ 250, o custo da manutenção numa condição planejada igual a R$ 650 e o custo da manutenção numa condição não planejada igual a R$ 2.300.

Figura 41 - Relação do Tempo da Inspeção e do Custo Total

T(h)	C(T)
31000	1,601
32000	0,573
33000	0,475
34000	0,501
35000	0,650
36000	0,924
37000	1,332
38000	1,887
39000	2,600
40000	3,486

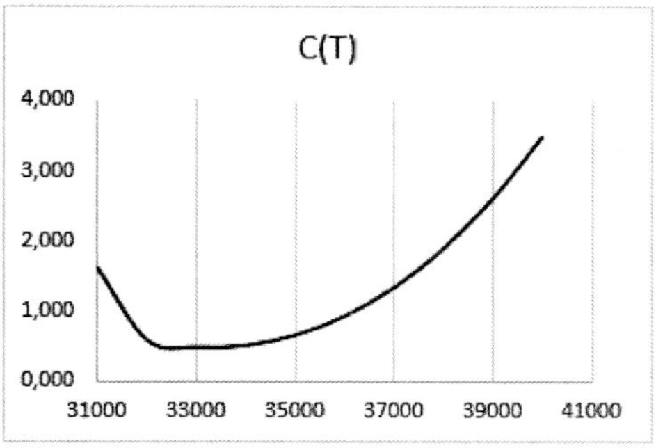

Fonte: Autores

O valor de T que minimiza a função custo, será igual a 33.000 horas, conforme a **Figura 41**.

Considerando os parâmetros de degradação apresentados, é possível estimar o tempo médio para a falha (projetada) igual a 36.666 horas, com um valor de taxa de falha de 0,000431. Com esses valores, é possível plotar a curva de degradação (curva PF) e encontrar o intervalo ótimo para a tarefa preditiva igual a 2.200 horas (**Figura 42**).

Figura 42 - Curva de Degradação e Intervalo Ótimo da Preditiva

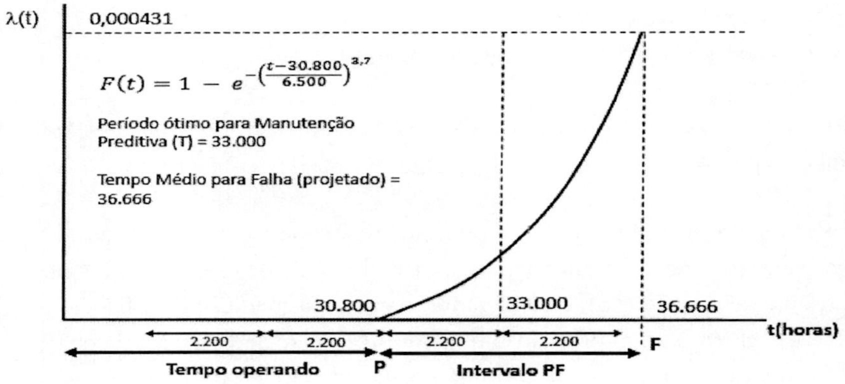

Fonte: Autores

3. RBD (Diagrama de Blocos de Confiabilidade) e Análise RAM

O Diagrama de Blocos de Confiabilidade (**RBD**), permite que sejam avaliados e previstos o desempenho operacional de sistemas. Os blocos que fazem parte destes diagramas estão conectados entre si de forma lógica, a fim de representar o comportamento da planta, considerando os eventos de parada, falhas, reparos e capacidade produtiva de cada um de seus itens. Para isso, é necessário que cada elemento do diagrama de blocos esteja devidamente configurado com suas distribuições de Confiabilidade (falhas), distribuições de Mantenabilidade (reparo), distribuição das equipes de trabalho e políticas de Manutenção.

Portanto, essa metodologia permite identificar gargalos, ativos críticos, analisar cenários, redundâncias, e políticas de manutenção. A **Figura 43** abaixo apresenta um diagrama de blocos de Confiabilidade simplificado para um Ponto de Entrega de Gás Natural.

Figura 43 - Diagrama de Blocos de um Ponto de Entrega de Gás Natural

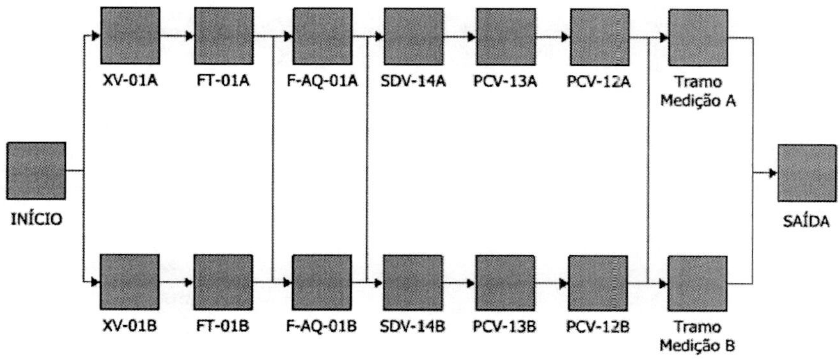

Fonte: Autores

Os diagramas de Blocos podem representar sistemas, equipamentos, componentes e modos de falhas de componentes. E possuem as seguintes configurações de conexão entre eles:

- Série
- Paralelo Simples
- k/N
- Stand-By (Redundância Passiva): Cold, Warm e Hot Stand-By
- Load Sharing (Redundância Compartilhada)

Retornando ao exemplo acima do Ponto de Entrega, em cada bloco foram inseridas as distribuições de falha e distribuições de reparo, conforme identificadas na LDA (**Tabela 5**):

Tabela 5 - Parâmetros das distribuições de falha e distribuições de reparo

Classe Equipamento	TAG	Distribuição Falha	Param1	Param2	Distribuição de Reparo	Param1	Param2
Válvula de Bloqueio	XV-01A	Weibull 2p	1,088	20044	Weibull 2P	0,679	6,94
Filtro Combinado	FT-01A	Weibull 2p	1,94	4,65	Weibull 2P	1,29	4,35
Válvula de Bloqueio	XV-01B	Weibull 2p	1,088	20044	Weibull 2P	0,679	6,94
Filtro Combinado	FT-01B	Exponencial 1P (MTTF)	40000		Weibull 2P	1,29	4,35
Aquecedor	F-01A	Exponencial 1P (MTTF)	40000		Weibull 2P	1,51	4,05
Aquecedor	F-01B	Exponencial 1P (MTTF)	40000		Weibull 2P	1,51	4,05
Válvula de Shutdown	SDV-14A	Exponencial 1P (MTTF)	47620		Weibull 2P	1,02	1,71
Válvula Monitora	SDV-13A	Weibull 2p	3,57	5765	Weibull 2P	2,76	2,12
Válvula Ativa	SDV-12A	Weibull 2p	3,57	5765	LogNormal	0,712	0,816
Válvula de Shutdown	SDV-14B	Weibull 2p	45208		Weibull 2P	1,02	1,71
Válvula Monitora	SDV-13B	Weibull 2p	10,7	6365,89	LogNormal	0,5	0,79
Válvula Ativa	SDV-12B	Weibull 2p	1,53	7187	Exponencial (2P)	2,36	0,72
Medição A	FQI-A	Exponencial 1P (MTTF)	40000		Exponencial 1P (MTTF)	2	
Medição B	FQI-B	Exponencial 1P (MTTF)	40000		Exponencial 1P (MTTF)	2	

Fonte: Autores

Na análise da disponibilidade, o estudo dependerá de simulação, pois haverá interação entre as distribuições de falha e as distribuições de reparo. Isto é, para cada falha projetada, haverá infinitas possibilidades de tempos de reparo, segundo a distribuição conhecida. Com um bom *software* de Confiabilidade que aplique o Método de Monte Carlo, é possível chegar à seguinte projeção para um ano de operação (**Tabela 6**):

Tabela 6 - Resultado da Simulação da Disponibilidade (Análise RAM)

Resultado da Simulação	
Disponibilidade Média (todos os Eventos)	0,9984
Desvio Padrão (Disponibilidade Média)	0,001
Confiabilidade (1 ano)	0,2
Quantidade Esperada de falhas	2,043
Desvio Padrão (Quantidade Esperada de falhas)	1,4
MTBF (Tempo Total) (h):	4287
Tempo indisponível na falha (h)	8,9

Fonte: Autores

Portanto, a simulação poderá fornecer a Disponibilidade Média e a Capacidade Produtiva da Unidade, o Número Esperado de Falhas, Tempos de Reparo e de Operação para um determinado período, além das seguintes informações:

- Tamanho da equipe necessária para atender a carga de trabalho;
- Previsão de Custos de Manutenção;
- Equipamentos Mais Críticos no Processo
- Análise de Produção (*Throughput*);
- Simulação de Diversos Cenários de Melhoria;
- Tempo Ótimo entre Paradas Preventivas;

Portanto, se o Risco é o produto da frequência de ocorrência de um evento (parada do sistema/unidade) e a Consequência (Magnitude da Perda), agora é possível monetizá-lo. No caso acima, se o custo da parada é de R$ 50.000 reais/hora, o Risco pode ser monetizado da seguinte maneira:

Risco = 2,043 {falhas no ano} * 50.000 {R$/hora} * 8,9 {horas de parada por evento} = R$ 909.135 / ano.

Se na matriz de risco da organização, esse risco for classificado como moderado ou inaceitável, deve-se abrir um processo de investigação e gestão de mudança para minimizar esse risco ou controlá-lo. A própria simulação é capaz de fornecer quais são os equipamentos críticos para o processo.

4. PPS: Previsão de Peças Sobressalentes (Níveis de Estoque)

A gestão estoques vem ganhando muita importância na gestão da cadeia de suprimentos, e por sua vez na gestão de ativos. O desafio das organizações tem sido assegurar elevados níveis de performance ao menor custo possível. Logo, surge a questão: Como estimar os níveis ótimos de peças sobressalentes para garantir um nível aceitável de disponibilidade?

Com relação as peças de consumo, por apresentarem demanda de alto giro e serem mais regulares, torna-se mais fácil realizar previsões. Geralmente, são aderentes à distribuição de probabilidade normal. Porém, uma das dificuldades na gestão de peças, está na estimativa dos níveis de reposição das peças de baixo giro pela impossibilidade de a demanda aderir à curva de distribuição normal, como acontece com as peças de consumo em massa. Para superar esta questão, muitos autores assumem que a demanda é aderente à distribuição de Poisson.

A Distribuição de Poisson é uma distribuição discreta, que nos permite calcular a probabilidade de ocorrência de determinado evento baseado em sua média histórica. A probabilidade da distribuição de Poisson pode ser dada por:

$$P = (X = x) = \frac{e^{-\lambda} \cdot \lambda^{x}}{x!}$$

onde:
P(X=x) = Probabilidade de a demanda de peças ser igual a x unidades;
λ = Taxa de consumo médio por unidade de tempo.
Principais Propriedades da distribuição: E(X) = λ e Var (X) = λ

A **Figura 44** abaixo ilustra o exemplo de uma peça de reposição com taxa de consumo médio (λ) de quatro unidades por ano. Foram calculadas as probabilidades individuais e acumuladas de ocorrência de demanda, no horizonte de um ano.

Figura 44 - Relação do número de peças com a Probabilidade acumulada de não haver falta de material sobressalente

Consumo de Peças	Probabilidade	Probabilidade Acumulada
0	1,83%	1,83%
1	7,33%	9,16%
2	14,65%	23,81%
3	19,54%	43,35%
4	19,54%	62,88%
5	15,63%	78,51%
6	10,42%	88,93%
7	5,95%	94,89%
8	2,98%	97,86%
9	1,32%	99,19%
10	0,53%	99,72%
11	0,19%	99,91%
12	0,06%	99,97%
13	0,02%	99,99%
14	0,01%	100,00%

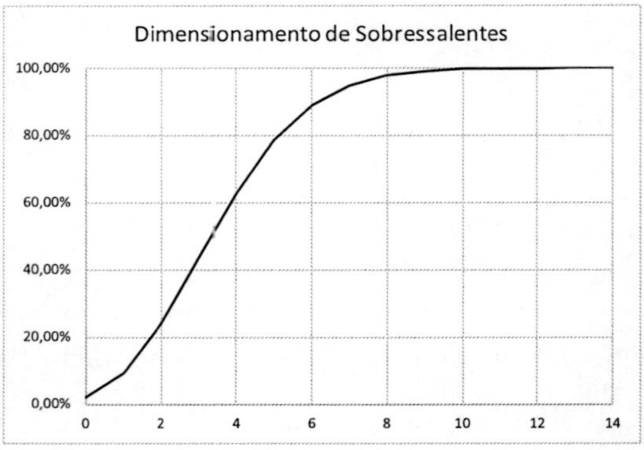

Fonte: Autores

A probabilidade de não haver consumo de peças de reposição é de 1,83%. Além disso, a probabilidade de a demanda ser pelo menos uma peça é de 98,17%. Isso indica que é necessário ter esse sobressalente em estoque. A probabilidade de não faltar peça, caso o estoque seja igual ao consumo histórico de quatro unidades é de 62,88%. Com a manutenção de sete peças em estoque, a probabilidade de não haver falta é de 94,89%.

RCFA: Análise de Causa Raiz da Falha (*Root Cause Failure Analysis*)

A Análise de Causa Raiz da Falha é uma investigação estruturada que busca identificar a verdadeira causa do problema ou da falha, e as ações necessárias para eliminá-la. Um sistema de gestão de ativos precisa garantir um processo eficaz de registro e análise de falhas, e implementações de ações corretivas.

A Norma MIL-STD-2155 estabelece como implantar o processo FRACAS (*Failure reporting, analysis, and corrective action system*), cujas etapas básicas são: Relatar a Falha, Desenvolver a Análise, Identificar e Implementar ações corretivas e Verificar a eficácia dessas ações após implantação.

Para implantação de um processo FRACAS, muitas organizações utilizam metodologias de resolução de problemas já existentes, como por exemplo, a Metodologia 8D, primeiramente documentada pela Ford *Motor Company* em 1987 em um manual de curso intitulado de "Resolução de Problemas Orientadas por Equipes". No final da década de 90, a Ford desenvolveu uma versão otimizada do processo 8D, intitulada de "Global 8D", cujo processo de implantação passa pelas etapas descritas na Figura 45:

Figura 45 - Etapas para implantação de um processo de investigação da falha

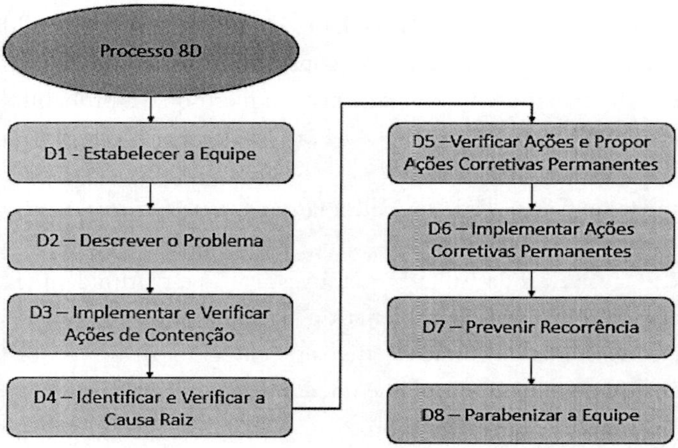

Fonte: Autores

Na etapa D4 que envolve a identificação e verificação de causas raízes, diversas ferramentas gráficas podem ser aplicadas para facilitar a identificação da(s) causa(s) primária(s), conforme a **Tabela 7**:

Tabela 7 - Ferramentas gráficas e suas aplicações para investigação das causas raízes

N	Ferramentas	Representação Gráfica	Conceito e Aplicações
1	Digrama de Ishikawa	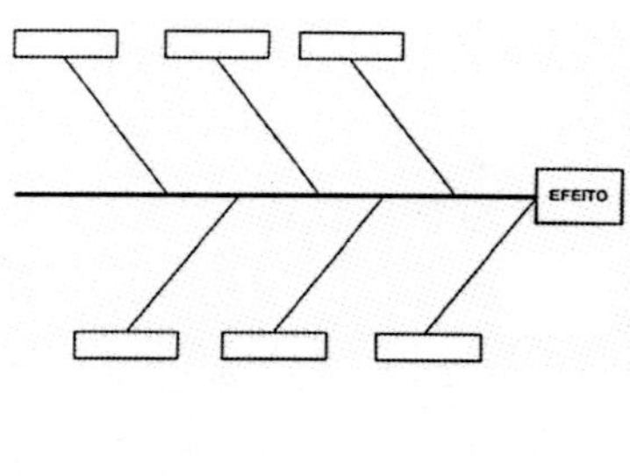	Conhecido como Espinha de Peixe e trata a relação hierárquica que ocorre entre a causa de um evento e seu efeito. As espinhas fazem referência aos temas: Máquinas, Método, Matéria-Prima, Mão de Obra, Medição e Meio Ambiente.

2	Gráfico Pareto	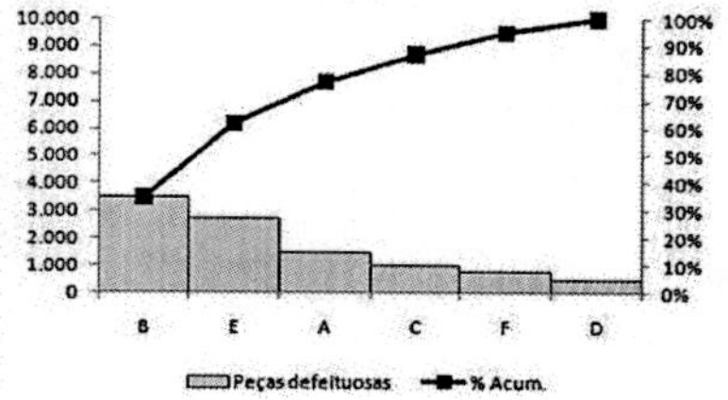	O diagrama de Pareto é um gráfico de colunas que ordena as frequências das ocorrências, da maior para a menor, permitindo a priorização dos problemas, procurando levar a cabo o princípio de Pareto, isto é, há muitos problemas sem importância diante de outros mais graves.
3	Gráfico Jackknife	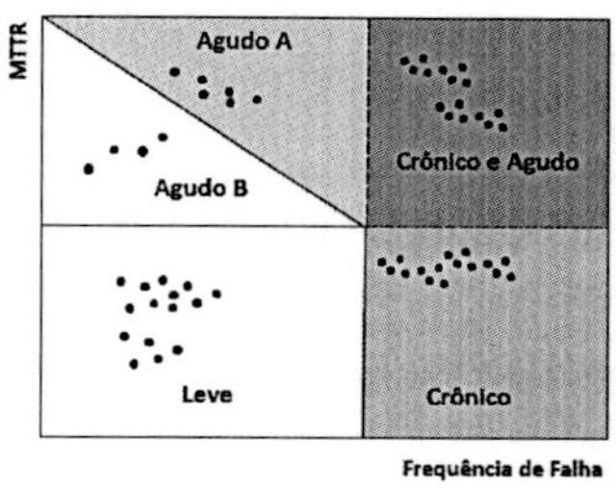	O Jackknife (canivete) é um recurso gráfico utilizado para estabelecer hierarquia de relevância entre as classes de eventos. É um gráfico log-log que em sua abcissa apresenta a frequência de falha e na ordenada o tempo médio de reparo (MTTR), para cada modo de falha analisado.
4	5 Porquês	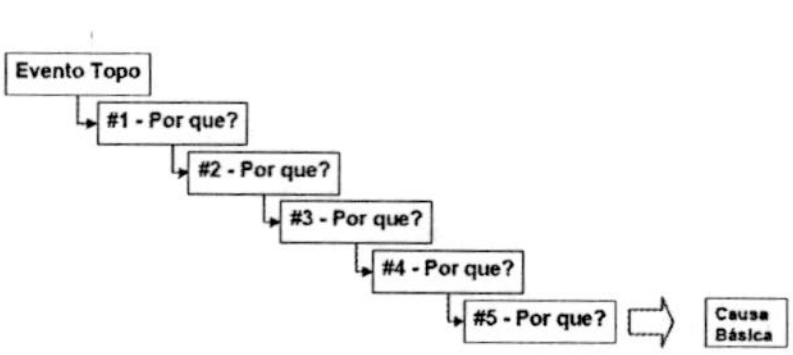	Técnica utilizada para solução de problemas simples com intuito de explorar a relação de causa e efeito. Deve-se percorrer os porquês até a descoberta da causa primária.

<table>
<tr><td>5</td><td>Árvore de Falha</td><td>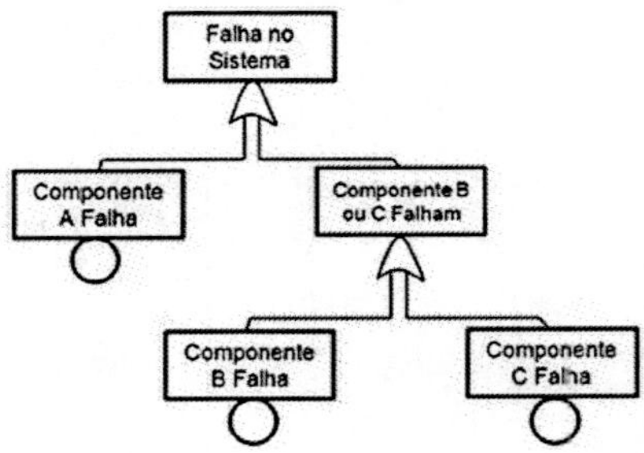
</td><td>Técnica que consiste na construção de um diagrama lógico, através de um processo dedutivo que partindo de um evento indesejado (evento topo) pré-definido, busca as possíveis causas de tal evento.</td></tr>
<tr><td>7</td><td>What-If</td><td>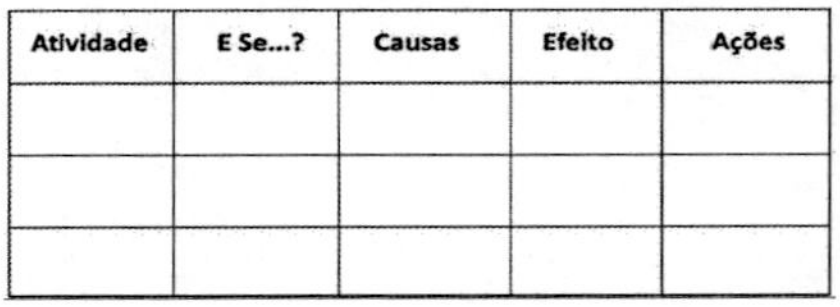
</td><td>A técnica What-If funciona como uma análise geral, capaz de identificar áreas de riscos que passaram despercebidas dentro do ambiente de trabalho</td></tr>
</table>

Fonte: Autores

6.6.4.5. O Tripé que sustenta a Engenharia de Confiabilidade

Conforme apresentado neste capítulo, é possível perceber que a Engenharia de Confiabilidade traz confiança e precisão ao processo de tomada de decisão: os planos são revisados de maneira assertiva com intervalos ótimos de tarefas; por sua vez as equipes de trabalho podem ser dimensionadas para atender esse plano de manutenção enxuto, os níveis de peças de reposição podem ser calculados com base na probabilidade de não haver falta; os investimentos podem ser priorizados a partir da monetização do risco; além de tantos outros benefícios.

Para que tudo isso se torne possível, é extremamente necessário que a organização forme um tripé de transformação, investindo em Pessoas, Processos e Tecnologia. Não há como avançar em engenharia de confiabilidade e em gestão de ativos, sem que pessoas se integrem e compreendam plenamente os processos e as metodologias, a fim de buscarem a melhoria contínua, com o apoio de tecnologias que facilitem suas atividades.

Por isso, três coisas são essenciais para que as barreiras sejam vencidas:

- Uma organização precisará de pessoas qualificadas para pensar, planejar e executar;
- Essas pessoas necessitarão de tecnologia para executar tarefas de forma mais célere e precisa;
- E tudo isso precisará estar contido num processo bem definido, organizado de forma lógica, integrada, a fim de tornar possível a entrega de maior valor ao negócio.

6.6.5 Operação

Tal requisito está relacionado aos planos e parâmetros operacionais e aos planos de gestão de ativos (**AMPs**). Sobretudo, os planos estão vinculados às atividades, abordagens e recursos. As atividades dos planos devem estar subsidiadas por informações documentadas. Na ocasião do aparecimento de desvios, estes deverão ser tratados por ações corretivas e preventivas.

A operação de um ativo físico está associada ao controle estatístico de processo (**CEP**) e ao pilar da manutenção autônoma da metodologia **TPM** *(Total Productive Maintenance).*

6.6.6 Engenharia de Paradas

Tal engenharia deve estar subsidiada pela metodologia de projetos do PMI *(Project Management Institute)* e do IPA *(Independent Projects Analysis).* O PMI oferecerá suporte ao planejamento e execução de projetos correntes, assim como o IPA contribuirá tecnicamente embasando-se pela metodologia FEL (*Front-End Loading*) para projetos de capitais.

Os eventos de paradas são delimitados por um dado escopo, requerem recursos internos e externos e estão expostos à riscos e consequências. Possuem como principais direcionadores os indicadores de segurança, prazo e de custos. Tais eventos possuem uma dada complexidade em virtude de envolverem outras áreas da empresa, necessitarem de grande efetivo e consequentemente potencializarem os níveis de exposição aos riscos.

A seguir, a **Figura 46** demostrará o exemplo de um sistema de gestão de paradas.

Figura 46 - Modelo de um sistema de gestão de paradas

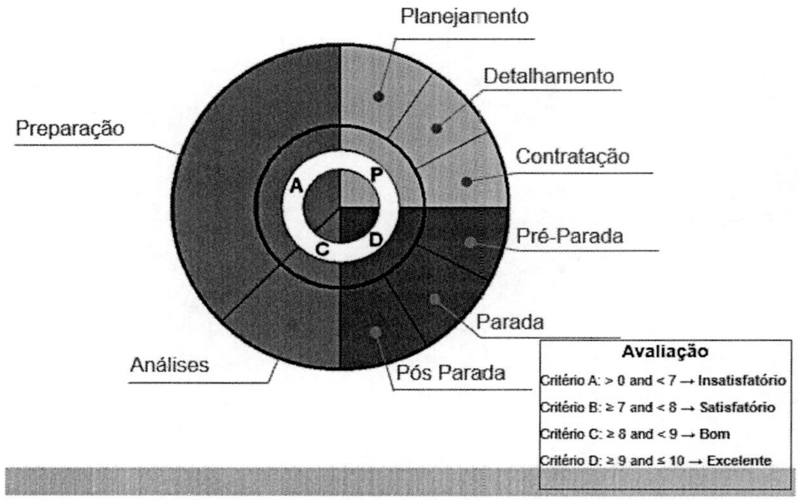

Fonte: MAURÍCIO; HERMES - GECOP, 2008

A depender do nível de complexidade dos eventos de paradas, as mesmas deverão ser classificadas por tipo, ou seja, uma parada pequena, média ou grande.

A seguir, a **Figura 47** demonstrará uma proposta de critérios para se classificar os eventos de parada.

Figura 47 - Critérios para classificar o tipo de um evento de parada

Tipo	Custos (R$)	Prazo (dias)	Homem-hora	Tempo de Planejamento (meses)
Grande	Custo >= 6,6 milhões	Prazo >= 20 dias	Trabalho >= 175 M Homem-hora	18
Média	Custo < 6,6 milhões	Prazo < 20 dias	Trabalho < 175 M Homem-hora	12
Pequena	Custo < 1,3 milhões	Prazo = 1 a 10 dias	Trabalho < 50 M Homem-hora	8

Fonte: MAURÍCIO; HERMES - GECOP, 2008

Adicionalmente, em virtude da complexidade, sugere-se que as mesmas sejam planejadas com a antecedência de um ano antes da execução propriamente dita do evento.

A seguir, a **Figura 48** apresentará uma proposta de prazos para cada fase de um evento de parada.

Figura 48 - Prazos de planejamento por tipo de parada

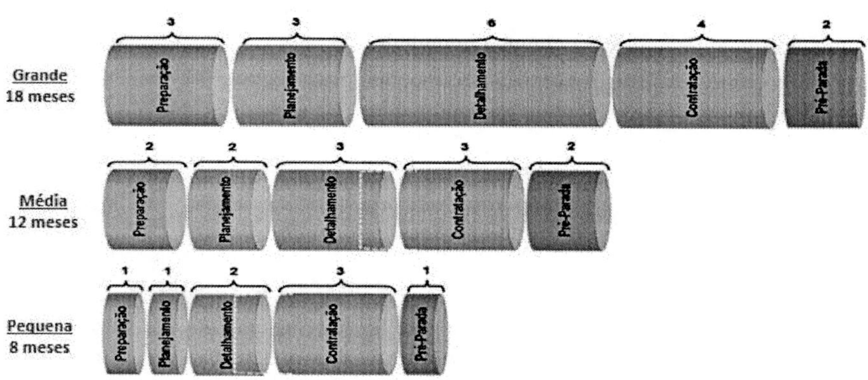

Fonte: MAURÍCIO; HERMES - GECOP, 2008

Ao final do evento, visando contribuir com uma visão de melhoria contínua, recomenda-se como uma boa prática que se faça uma avaliação das lições aprendidas do processo. Isto se faz necessário, pois tal processo será considerado como uma entrada para o próximo evento de parada.

6.6.7 Aquisição e Cadeia de Suprimentos

Tal processo tem como propósito realizar a seleção de fornecedores *(vendor list)*, estabelecer um padrão de processo de contratação, bem como efetuar o monitoramento do processo após a celebração de um dado contrato.

A seguir, a **Figura 49** demonstrará o ciclo do processo de contratação.

Figura 49 - Etapas de um processo de contratação

Fonte: Valer – Educação VALE, 2011

O processo de gestão da aquisição e cadeia de suprimentos necessita de colaboração interna e externa à organização, assim como está associado ao longo do ciclo de vida do ativo *(LCC – Life Cycle Cost)*.

6.6.8 Gestão de Mudança (MOC – *Management of Change*)

Tal dimensão precede do estabelecimento de uma política de gestão de mudanças, para promover a mitigação de riscos, assim como o controle das mudanças. A gestão de mudança, também denominada como ***MOC*** *– Management of Change,* requer a identificação, avaliação, implementação e comunicação das mudanças às pessoas, processos e ativos.

A seguir, a **Figura 50** apresentará uma visão geral do processo de gestão de mudanças.

Figura 50 - Visão geral do processo de gestão de mudanças

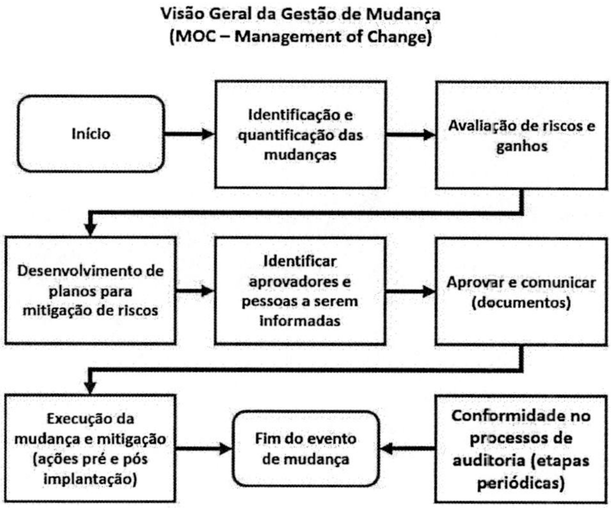

Fonte: Adaptado de McNair, S., CMRP, *Life Cycle Engineering*, 2011

6.6.9 Gestão de Configuração

Tal dimensão precede do estabelecimento de uma política de gestão de configuração. O processo de gestão da configuração requer a identificação, controle das alterações, contabilização da situação de configuração e auditoria da configuração.

A contabilização da situação da configuração compreende os métodos para coletar, registrar, processar e manter os dados necessários para produzir os registros do *status* da configuração.

O processo de gestão da configuração é baseado na norma ISO-10007 – Sistemas de gestão da qualidade – Diretrizes para a gestão de configuração.

A seguir, a **Figura 51** ilustrará um processo de gestão de configuração.

Figura 51 - Etapas de um processo de gestão da configuração

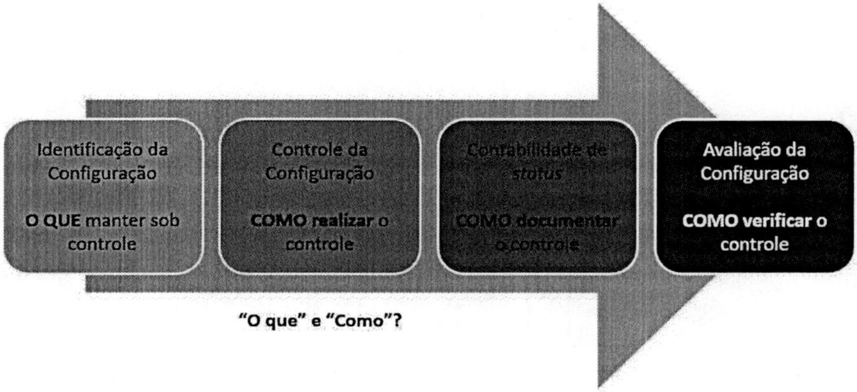

Fonte: Adaptado de Montrium Inc., 2011

6.6.10 Custos

O processo de custeio de um ativo e sua respectiva mensuração de valor permeia todo o ciclo de vida de um ativo e está devidamente alinhado com o processo de decomposição física e contábil de um determinado ativo.

A seguir, a **Figura 52** demonstrará um exemplo de balanço patrimonial, que apresenta o alinhamento entre a depreciação física e contábil de um dado ativo.

Figura 52 - Exemplo de um balanço patrimonial

Balanço Patrimonial

ATIVO	**R$**
Ativo Circulante (AC)	
Disponibilidades	
Caixa	800,00
Bancos	200,00
Clientes	
Duplicatas a Receber	300,00
Estoques	
Matéria-Prima	150,00
Mercadorias	300,00
	1.750,00
Ativo Não Circulante	
Realizável a Longo Prazo	**620,00**
Valores a Receber	620,00
Títulos a Receber	0,00
Investimentos	
Participação Permanente na Cia. AB	725,00
Imóveis para renda	640,00
Obras de Arte	85,00
Imobilizado	
Terrenos	780,00
Veículos	900,00
(-) Depreciação acumulada veículos	(140,00)
Máquinas	900,00
(-) Depreciação acumulada de máquinas	(90,00)
Intangível	
Marcas e patentes	300,00
Ponto de Comércio	100,00
	4.200,00
TOTAL DO ATIVO	**6.570,00**

PASSIVO	**R$**
Passivo Circulante (PC)	
Empréstimos e Financiamentos	
Empréstimos bancários a pagar	1.000,00
Leasing a Pagar	255,00
Fornecedores	
Fornecedores nacionais	950,00
Obrigações Fiscais Sociais e Trabalhistas	
ICMS a recolher	95,00
INSS a recolher	85,00
FGTS a recolher	40,00
Salários a pagar	300,00
	2.725,00
Passivo Não Circulante	
Exigível a Longo Prazo	
Empréstimos e financiamentos	
Empréstimos em moeda estrangeira	540,00
	540,00
Patrimônio Líquido (PL)	
Capital Social	
Capital subscrito	2.635,00
(-) Capital a integralizar	(100,00)
Reservas	
Reservas de capital	205,00
Reservas de lucros	215,00
Lucros ou Prejuízos Acumulados	
Lucros Acumulados	350,00
	3.305,00
TOTAL DO PASSIVO E PL	**6.570,00**

Fonte: Contabilidade on-line, Balanço Patrimonial, 2012

Dentre os valores discutidos no custo do ciclo de vida de um ativo físico estão o CAPEX, OPEX, comissionamentos, investimentos, perdas de produção, entre outros.

6.7 Avaliação de Desempenho

A avaliação de desempenho do sistema de gestão de ativos, tem como propósito suportar tomadas de decisões, para verificar a eficácia do sistema.

6.7.1 Tomada de Decisão

O processo de tomada de decisão subsidia dois aspectos econômicos, a seguir:

a. Tomada de decisão em investimentos de capital (**CAPEX**);
b. Tomada de decisão em operação e manutenção (**OPEX**).

A tomada de decisão em investimentos de capital está associada a um dado escopo e permeia ao longo do ciclo de vida dos ativos. Por esta razão, está atrelada à riscos, ou seja, ao momento em que se deve substituir um ativo, bem como a custos, mais especificamente no momento que se avalia através do método do Valor Presente Líquido (**VPL**) se a substituição de um dado ativo será viável do ponto de vista econômico.

Já a tomada de decisão em operação e manutenção está associada à capabilidade dos ativos, ou seja, capacidade produtiva com a qualidade especificada, a criticidade do ativo, a mantenabilidade, assim como ao nível de confiabilidade de um determinado ativo. A mantenabilidade está atrelada à facilidade de execução de uma dada intervenção de manutenção. Já o nível de confiabilidade de um ativo encontra-se subsidiado por técnicas de confiabilidade, tais como: **RCM** *(Reliability Center Maintenance)*, **FMEA** *(Failure Mode and Effects Analysis)*, **LDA** *(Life Data Analysis)* e **FMECA** *(Failure Mode Effects and Criticality Analysis).*

Adicionalmente, tal dimensão está alinhada aos objetivos da gestão de ativos e a análise da demanda, bem como requer o balizamento dos custos, riscos e desempenho.

6.7.2 Monitoramento da Gestão de Ativos (Eficácia)

O monitoramento da gestão de ativos tem como objetivo avaliar a eficácia do processo. Está vinculado aos objetivos organizacionais, à análise do desempenho financeiro e não financeiro de um ativo e prima pelo estabelecimento de métricas ao longo do ciclo de vida de um determinado ativo.

Como boa prática, recomenda-se que as métricas ou indicadores de desempenho estabelecidos sejam comparáveis com os indicadores de desempenho do mercado. Inevitavelmente, tais indicadores subsidiarão o estabelecimento de metas que deverão atender aos requisitos das partes interessadas.

Como produto de tal processo, é imprescindível que haja o tratamento dos desvios e uma análise exaustiva das tendências.

6.7.3 Monitoramento do Sistema de Gestão de Ativos (Auditoria)

Tal processo precede do estabelecimento de uma política de auditoria e da avaliação das auditorias anteriores, pois objetiva identificar os eixos potencializadores (pontos fortes), assim como os eixos fragilizadores (oportunidades de melhorias) do sistema de gestão de ativos. Trata-se de um processo de verificação dos requisitos do sistema de gestão de ativos.

Tal dimensão requer a realização de auditorias internas e externas em intervalos planejados. Adicionalmente, tal processo necessita que para os desvios identificados sejam estabelecidas ações corretivas.

A implantação de tal processo pleiteia um programa de auditoria compreendido por: métodos, frequência, requisitos, responsabilidades e relatórios. Além disso, o referido processo está atrelado à conformidade interna, normativa e legal.

O monitoramento do sistema de gestão de ativos requer uma revisão do processo por meio de uma análise crítica em intervalos previamente planejados. Isto se faz necessário, pois tal processo tem como propósito a medição de um resultado que estará balizado por riscos e oportunidades.

Adicionalmente, a análise dos resultados irá promover um processo de melhoria contínua, subsidiado por um processo de gestão de mudanças.

6.8 Melhoria Contínua

O processo de melhoria contínua visa demonstrar que o sistema de gestão de ativos está funcional e progressivo na busca da excelência operacional.

6.8.1 Respostas às Falhas Incidentes

Tal dimensão está associada ao plano de contingência, requer análise de causa raiz (**RCFA** – *Root Cause and Failure Analysis*) com ações de melhoria, análise da abrangência da falha, bem como uma avaliação do potencial de reincidência da falha. Adicionalmente, tal requisito demandará a verificação da eficácia das ações tomadas para mitigar o aparecimento das falhas.

O registro da falha potencial deve ser retido e realizado com base em uma matriz de riscos, bem como monitorado e tratado por meio de soluções de engenharia. O tratamento dos desvios promoverá a melhoria contínua requerida em tal processo.

6.8.2 Desenvolvimento Sustentável

O desenvolvimento sustentável é responsável pela longevidade de um ativo em uma determinada organização. Tal processo tem como premissa mitigar os impactos nas dimensões ambiental, social e financeira dos planos de gestão de ativos (AMPs).

Capítulo 7

O Fluxo dos Processos de Manutenção com as 39 Áreas de Conhecimento do *Landscape*

"A qualidade da informação proveniente do serviço realizado em campo, recebida através da ordem de serviço, é mais importante que a atividade realizada no ativo físico".

José Wagner Braidotti

Com o principal objetivo de alinhar todas as práticas pertencentes ao fluxo dos processos de manutenção, com as 39 áreas de conhecimento da gestão de ativos, está sendo apresentado abaixo (**Figura 53**) um fluxo integrado, confirmando a real necessidade da total integração de todos os setores da empresa, no sentido de contribuir diretamente com os melhores resultados nos 3 níveis da empresa, a Alta Direção, a Gestão de Ativos e as Gerências Departamentais, tais como:

- A Operação.
- A Manutenção.
- A Engenharia de Projetos (Capex).
- O Suprimentos.
- O Almoxarifado.
- A Tecnologia da Informação.
- A Segurança, Saúde e o Meio Ambiente.
- O Recursos Humanos.
- O Financeiro.
- A Qualidade.

Figura 53 - Fluxo do Processo de Manutenção e as 39 Áreas de Conhecimento

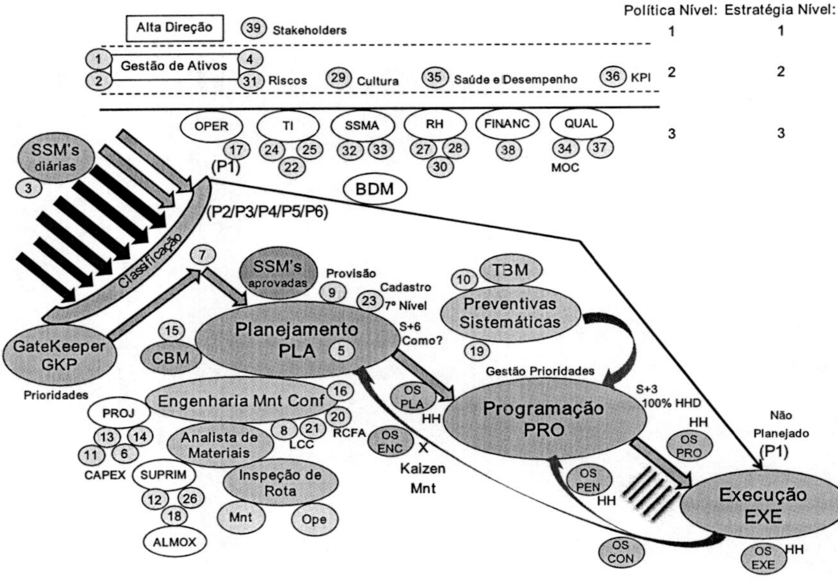

Fonte: Braidotti, 2018

As 39 áreas de conhecimento que representam a ISO-55001, apresentadas no fluxograma acima, estão detalhadas abaixo com as devidas referências aos itens da norma:

Área 1: Política de Gestão de Ativos

- Item 5.2 (ISO-55001).
- Neste ponto uma abordagem *top-down* é feita, pois as premissas devem ser determinadas pela alta direção.
- Deve ser atualizada e revisada quando necessário (pode ocorrer por demandar na legislação).
- Leva em conta o setor de atuação da empresa, suas atividades, modelo de negócio.
- Deve apresentar os objetivos da Gestão de Ativos, o plano organizacional e orientar a criação de estratégias.

Área 2: Estratégia de Gestão de Ativos

- Itens 4.4 e 6.2 (ISO-55001).
- Definição de objetivos baseados no desempenho econômico.
- Definição de metodologias para a determinação de criticidade dos ativos e elaboração do escopo para planos de contingência.
- Gerenciamento de incertezas na obtenção/ análise de dados atrelados à gestão da informação.
- Estratégias de longo prazo (período estimado de utilização do ativo) para garantir alta capabilidade e desempenho de forma sustentável.
- Documentação das atividades a serem realizadas e as implicações financeiras e não financeiras dos planos: 5W2H para cumprimento do SAMP através dos AMPs, riscos e oportunidades, requisitos dos *steakeholders*, etc.

Área 3: Análise de Demanda

- Item 4.2 (ISO-55001).
- Envolve processos utilizados para avaliar a demanda dos ativos e qual nível de serviço devem entregar. Para tal, é necessário que as informações obtidas possuam alta qualidade.
- As expectativas dos *steakeholders* devem ser levadas em conta ao mensurar as demandas dos ativos.
- Deve ser estabelecida a priorização de demandas.

Área 4: Planejamento Estratégico

- Item 4.4 (ISO-55001).
- Estabelecimento de uma conexão com o SAMP.
- Determinação do volume de trabalho, riscos, custos de modo que possam ser previstos diversos cenários produtivos.
- Utilização do PDCA e das ferramentas Ishikawa, Pareto, Pilares Estratégicos, etc.

Área 5: Planejamento de Gestão de Ativos

- Item 6.2.2 (ISO-55001).

- Detalhamento das atividades, recursos, custos, volume de trabalho e responsabilidades, prazos e riscos para a realização da gestão de ativos.
- Alinhamento com o planejamento da corporação.
- Aprovação, monitoramento, revisão e atualização de planos de gestão de ativos.

Área 6: Tomada de Decisão em Investimentos de Capital

- Presente no escopo do Planejamento Estratégico da empresa.
- Utilização da análise LCC para tomada de decisão no momento da substituição de ativos físicos.
- Avaliação dos riscos associados ao tempo, operação e manutenção dos ativos físicos.

Área 7: Tomada de Decisão em Operações e Manutenção

- Item 6.1 (ISO-55001).
- Deve estar alinhada aos objetivos da gestão de ativos e às normas regulamentadoras.
- Avaliar se as ações adotadas garantem a eficácia dos AMPs.
- Levantamento dos riscos e endereçamento das oportunidades de melhorias e mitigação desses riscos.

Área 8: Realização do Valor de Ciclo de Vida

- Itens 6.1 e 6.2 (ISO-55001).
- Deve ser considerado o contexto do sistema no qual o ativo está instalado, pois o ciclo de vida de um mesmo item pode mudar se for instalado em sistemas diferentes.
- Criação de modelos matemáticos para determinar o atendimento dos níveis de serviço e demanda definidos com base nas demandas dos *stakeholders*.
- Sequência do Ciclo de Vida conforme a norma: concepção, projeto e desenvolvimento, aquisição, instalação, comissionamento, operação e manutenção e descarte.

A **Tabela 8** a seguir mostra os indicadores (variáveis) mais relevantes na análise do Ciclo de Vida de um ativo físico e as relaciona com seus respectivos setores de origem:

Tabela 8 - Variáveis do Ciclo de Vida de um ativo físico

Indicador	Setor
CAPEX	Projeto
OPEX	Manutenção
Disponibilidade	Produção
MTBF	Engª Confiabilidade
VPL	Financeiro
Valor de negócio	Alta direção

Área 9: Estratégia de Recursos

- Item 7.1 (ISO-55001).
- Determinar as atividades e processos que uma organização deve realizar para utilizar pessoas, ferramentas, plantas e materiais para realizar os AMPs de acordo com os objetivos da gestão de ativos.
- Análise dos riscos e custos da terceirização do fornecimento de recursos levando em conta a integração de recursos internos e externos (relação Risco X Custo X Oportunidades).
- Determinar e fornecer recursos necessários para estabelecer, implementar, manter e melhorar a continuidade do Sistema de Gestão de Ativos.

Área 10: Estratégia de Grandes Paradas

- Definir atividades para desenvolver estratégias de grandes paradas.
- Análise de *trade-offs* entre paradas de curta duração frequentes contra paradas de longa duração, mas menos frequentes.
- Todos devem compreender os riscos e consequências da integração com outras áreas e partes interessadas.
- Apontamento das lições aprendidas no processo de grandes paradas.

Área 11: Normas Técnicas e Legislação

- Processos que garantem que a Gestão de Ativos cumpra as normas e regulamentações.
- Normas Regulamentadoras.

Área 12: Criação e Aquisição de Ativos

- Procedimento de compra de ativos: Especificação, geração de propostas e realização de pedidos alinhados à política de investimentos da empresa e à gestão de projetos.
- Processo de comissionamento.

Área 13: Engenharia de Sistema

- Elaboração de documentos com a descrição dos requisitos do sistema que apresentem um ciclo de vida balanceado que atenda: meio ambiente, saúde, segurança e operações.

Área 14: Gestão de Configuração

- Definição de políticas de gestão da configuração.
- Desenvolver e executar processos de gestão da configuração para viabilizar o monitoramento dos *status* dos ativos.

Área 15: Execução da Manutenção

- Adoção de metodologias preventivas e corretivas.
- Padronização dos processos de manutenção por meio da sistematização dos mesmos.
- Identificação dos recursos necessários para executar os processos de manutenção.
- Apoiar o planejamento do investimento CaPEX (levar a terotecnologia em conta).
- Definição de: Normas, especificações, programação, procedimentos de execução de manutenção, procedimentos para inspeção, etc.

- Utilização das ferramentas para identificação dos modos de falha: FMEA, FMECA, Curva P-F. Para ser possível gerenciar a manutenção, deve-se descobrir os modos de falha dos equipamentos.
- Obtenção de listas técnicas dos equipamentos a nível de componentes críticos e classificá-los de acordo com a criticidade XYZ para gestão de almoxarifado e suporte à logística.

Área 16: Engenharia de Confiabilidade

- Processos para garantir que um item irá operar em um determinado padrão por um período definido de tempo em um ambiente também definido (cenário).
- Utilização de ferramentas para melhor conhecimento dos processos: Análise de Weibull, causas raiz, modos de falha, etc.
- Integração com os setores de projetos, finanças, RH, TI, manutenção e operações para identificar os recursos necessários ao apoio a Engenharia de Confiabilidade: Conhecimento dos processos, otimização dos intervalos de manutenções preventivas, etc.

Área 17: Operação de Ativos

- Item 8 (ISO-55001).
- Processos utilizados pela organização para operar seus ativos alinhados aos objetivos do Negócio.
- Desenvolver planos que descrevem a abordagem, atividades e recursos necessários para viabilizar as estratégias de operação dos ativos.
- Determinar instruções aos operadores sobre como operar os ativos de acordo com os parâmetros operacionais do mesmo (carta de processo, ficha técnica, etc.).
- Abordagem da manutenção autônoma (as atividades devem ser definidas como motivadores para o auxílio da manutenção).
- Documentação da informação sobre fenômenos de processo e modos de falha para garantir a rastreabilidade de ocorrências (HAZOP).

Área 18: Gestão de Recursos

- Itens 7 e 8.3 (ISO-55001).
- Gerenciar os recursos para atingir os objetivos da Gestão de Ativos: Pessoal, material, equipamentos e ferramentas, treinamentos, dados e informações, etc.
- Determinação dos processos e atividades que serão terceirizadas, as responsabilidades e autoridades dentro da empresa para a gestão das atividades e dos recursos terceirizados.
- Determinação do escopo para o compartilhamento da informação entre a empresa e o prestador de serviços (gestão do conhecimento).

Área 19: Gestão de Grandes Paradas

- Processos de uma organização para identificar e executar uma grande parada dentro do escopo da Gestão de Ativos.
- Desenvolver e executar políticas e processos de gestão de paradas.
- Deve-se entender que toda grande parada é um projeto de alta complexidade, pois muita energia é utilizada em um tempo curto.

Área 20: Resposta a Falhas e Incidentes

- Itens 10.1, 10.2 e 10.3 (ISO-55001).
- Realizar o registro dos riscos, planos de segurança e planos de resposta de emergência.
- Desenvolver planos para responder a eventos não planejados e gerenciar recursos para responder a esses eventos prevendo: mão de obra capacitada, material, ferramentas e equipamentos especiais, dados e informações e comunicações.
- Divulgação correta das informações para controle do histórico do evento de não conformidade.

Área 21: Descomissionamento e Descarte de Ativos

- Item 8.2 (ISO-55001).
- Análise de impacto ambiental por meio de, por exemplo, planos de reabilita-

ção do terreno e descarte de ativos.

- Definição de processos para Descomissionamento e descarte de ativos devido ao envelhecimento ou mudanças nos requisitos de desempenho e capacidade.
- Integração dos planos de descarte com outros setores da empresa: financeiro, RH, projetos, etc. para avaliar a relação de riscos versus oportunidades.

Área 22: Estratégia de Informação de Ativos

- Item 7.5 (ISO-55001).
- Definição de estratégias para definição, coleta, gestão, reporte e governança geral da informação.
- Entender como a informação advinda dos ativos apoia os objetivos da Gestão de Ativos para que o processo de tomada de decisão esteja alinhado aos requisitos impostos pela política de informação da empresa.
- Observar a significância dos riscos identificados, sobre as regras, responsabilidades, atividades e processos.
- Sistematizar a coleta, análise e avaliação dos dados.
- Visar a garantia da consistência e rastreabilidade dos dados para que se possam ter evidências objetivas (auditoria).
- Alinhamento com os requisitos dos *stakeholders*.

Área 23: Padrões de Informação de Ativos

- Itens 7.4 e 7.5 (ISO-55001).
- Desenvolver padrões e instruções para obter consistência no registro das informações para entender as necessidades da estratégia de informação de ativos.
- Incluir os padrões nos planos de comunicação (o que será comunicado, quando, para quem e como).

Área 24: Sistemas de Informação de Ativos

- Item 7.5 (ISO-55001).
- Definição da arquitetura de comunicação e transmissão de dados. Avaliação da complexidade para determinação da relação custo versus benefício.
- Levar em conta as necessidades internas e externas (*stakeholders*) que estejam

alinhadas à política de TI e da Gestão de Ativos.
- Aquisição de sistemas de informação, que devem ser configurados e mantidos para atender aos requisitos da estratégia de informação da Gestão de Ativos.

Área 25: Gestão de Dados e Informações

- Itens 7.5 e 7.6 (ISO-55001).
- Desenvolvimento de planos de coleta e apuração dos dados, observando quem são os proprietários dos dados, os clientes, as validações necessárias, a expectativa de vida dos dados e a utilização dos mesmos.
- Observação dos requisitos legais, regulatórios e contratuais entre fornecedores, clientes e demais interessados.
- A extensão da informação depende do tamanho da empresa, do seu tipo de atividade, dos processos que nela ocorrem, dos produtos fabricados, dos serviços prestados, da complexidade dos processos, dos tipos dos ativos e suas interações e das competências do pessoal.
- Deve haver um controle das versões da informação, suas atualizações e padronização sistematizada.
- Avaliação da necessidade do nível de proteção das informações para garantir sua preservação e confidencialidade (para evitar utilização imprópria ou perda de integridade).

Área 26: Gestão de Aquisição e Cadeia de Suprimentos

- Item 8.3 (ISO-55001).
- Determinação de critérios para a seleção de fornecedores, gestão de fornecedores, gestão de estoque e seu desempenho.
- Avaliação do balanço entre colaboração interna e externa para gestão de recursos internos ou terceirizados.

Área 27: Liderança de Gestão de Ativos

- Item 5.1 (ISO-55001).
- Liderança requerida para promover uma abordagem da Gestão de Ativos focando nos objetivos da Gestão de Ativos.
- Determinação de autoridades e responsabilidades. É responsabilidade da alta

direção liderar projetos focados em Gestão de Ativos.

- O estilo de liderança deve estar alinhado aos objetivos da Gestão de Ativos.
- No decorrer da implantação do projeto de Gestão de Ativos, a liderança deve ser vista como um processo que os envolvidos adotam e não deve depender mais de um único líder. Para isso, é necessária a divulgação da visão desse processo, seus benefícios, riscos e oportunidades.
- A liderança deve participar integralmente na determinação dos SAMP's, AMP's e da Política de Gestão de Ativos.

Área 28: Estrutura Organizacional

- Determinação da melhor estrutura organizacional para a empresa: Funcional, descentralizada, mista ou matriz corporativa.
- Levar em conta: Tamanho da organização, estrutura societária, tipo de indústria, objetivos e estratégias da empresa, maturidade e diversidade da empresa e *background* cultural.
- Determinação das regras, autoridades e responsabilidades para garantir a eficácia do sistema de gestão.

Área 29: Cultura Organizacional

- Item 4.1 (ISO-55001).
- Adoção de estratégias da gestão cultura embasadas em resultados de pesquisas da cultura, padrões comportamentais, ritos e rituais.
- Observar os objetivos da Gestão de Ativos, os objetivos da empresa, os padrões de comunicação, etc.
- As lentes culturais podem inibir a excelência se, por exemplo, a organização enxerga através das lentes da complacência, e não da disciplina operacional.

Área 30: Gestão de Competências

- Item 7.2 (ISO-55001).
- Elaboração da matriz de competências alinhadas aos requisitos internos e externos da empresa para auxílio na avaliação das competências, demanda de treinamentos e especificação de cursos.
- Foco no trabalho em equipes multidisciplinares para otimizar a interpretação

de situações adversas (tomada de decisão).
- A obtenção de competências necessárias inclui a recontratação de pessoas empregadas.
- Transição do capital intelectual e gestão do conhecimento.

Área 31: Avaliação e Gestão de Riscos

- Item 6.1 (ISO-55001).
- Definição da política de gestão de riscos.
- Identificação, avaliação, análise e tratamento dos riscos e oportunidades.
- Integração dos processos de análise de risco na empresa.
- Gestão dos riscos e alinhamento entre setores para mitigação correta.

Área 32: Planejamento de Contingências e Análise de Resiliência

- Item 6.2.2 (ISO-55001).
- Elaboração de planos de contingência subsidiados pela identificação de eventos, incidentes e desastres.
- Identificação e classificação dos eventos.
- Execução de simulações dos cenários de contingência a intervalos regulares.

Área 33: Desenvolvimento Sustentável

- Elaboração de planos de impacto ambiental e desenvolvimento social para garantir que os processos da Gestão de Ativos apoiem o *framework* da organização.
- Avaliação dos impactos ambientais, sociais e financeiros dos AMP's.

Área 34: Gestão de Mudanças

- Item 8.2 (ISO-55001).
- Registro dos processos de gestão de mudança.
- Identificar, avaliar, implementar e comunicar as mudanças conforma a política de mudanças.
- Apontamento dos riscos observados anteriormente e as medidas tomadas para evitá-los.

Área 35: Monitoramento do Desempenho e Saúde dos Ativos

- Item 9.1 (ISO-55001).
- Avaliar o desempenho e saúde dos ativos utilizando indicadores de desempenho advindos de análises de modos de falha, LCC, curva P-F, investimentos, etc.
- Monitoramento e reporte que permita a predição do desempenho e saúde futura dos ativos.
- Elaboração de metas para o ciclo de vida dos ativos;

Área 36: Monitoramento do Sistema de Gestão de Ativos

- Itens 9.1, 9.2 e 9.3 (ISO-55001).
- Realização de reuniões e comitês da Gestão de Ativos para:
  a. Avaliar se o Sistema de Gestão de Ativos está adequado ao seu propósito.
  b. Definir critérios para as tomadas de decisão.
  c. Determinar o escopo do SGA e o que deve ser mensurado.
  d. Avaliar e reportar os desempenhos financeiros e não financeiros assim como a eficácia dos processos, identificando assim riscos e oportunidades.
  e. Determinar os métodos de monitoramento, medição, análise e avaliação das métricas estabelecidas.
  f. Documentar a informação evidenciada.
  g. Estudo SWOT: fatores ambientais, socioeconômicos e relativos aos *stakeholders*.

Área 37: Análise de Gestão, Auditoria & Segurança

- Itens 9.2.1, 9.2.2 e 9.3 (ISO-55001).
- Programação, metodologias e políticas de procedimentos de auditoria.
- Definir um programa de auditorias baseado em: frequência, métodos, responsabilidades, requisitos e relatórios. Levar em conta o que foi aprendido em auditorias anteriores.
- Desenvolver políticas de auditoria interna e externa para atender aos processos de conformidade interna e normativa.
- Avaliação de ações corretivas.

- Estudo de *Benchmarking*.
- Realizar a revisão dos processos em intervalos planejados adotando práticas de melhoria contínua (KAIZEN).
- Realizar a medição dos resultados e traçar o perfil de riscos e oportunidades da empresa.

Área 38: Custeio de Ativos e Mensuração de Valor

- Explicitar a distribuição de custos por meio de, por exemplo, a análise LCC dos ativos.
- Avaliar a decomposição contábil do ativo físico.

Área 39: Engajamento das Partes Interessadas

- Item 4.1 (ISO-55001).
- Análise dos *stakeholders* envolvidos para a elaboração de planos de gestão dos mesmos.
- Levar em conta as políticas de *stakeholders*, os processos de *stakeholders* e os requisitos de *stakeholders*.
- Desenvolvimento de canais para identificação, comunicação e interação com os *stakeholders*.

Capítulo 8

Case da implantação da Gestão de Ativos

"Não há somente uma certa maneira especial de ver as coisas, senão também uma impossibilidade de as ver de qualquer outra maneira".

Carlos Drummond de Andrade

Neste capítulo será mostrado 1 *case* "modelo" da implantação da Gestão de Ativos, relacionado a um segmento de negócio para evidenciar a versatilidade da norma ISO-55001.

O *case* apresentado é de uma empresa de "*Logística*". O cenário será apresentado de acordo com uma sequência lógica determinada pelos autores, para que o leitor compreenda cada requisito da norma sobre Gestão de Ativos de forma coerente. A sequência citada é representada pelo índice abaixo:

Índice:

1. **Contexto da Empresa (Item 4 da ISO-55001)**
   a. Entendendo a empresa e o seu contexto (4.1).
   b. Entendendo as necessidades e as expectativas das partes interessadas (4.2).
   c. Determinando o escopo do sistema de gestão de ativos (4.3).
   d. Sistema de gestão de ativos (4.4).

2. **Liderança (Item 5 da ISO-55001)**
   a. Liderança e comprometimento (5.1).
   b. Política (5.2).
   c. Regras, responsabilidades e autoridades da empresa (5.3).

3. **Planejamento (Item 6 da ISO-55001)**
   a. Ações para endereçar os riscos e as oportunidades para o sistema de gestão de ativos (6.1).
   b. Objetivos da gestão de ativos e o planejamento para o atingimento (6.2).

4. **Suporte (Item 7 da ISO-55001)**
   a. Recursos (7.1).
   b. Competência (7.2).
   c. Reconhecimento (7.3).
   d. Comunicação (7.4).
   e. Requisitos da informação (7.5).
   f. Informação documentada (7.6).

5. **Operação (Item 8 da ISO-55001)**
   a. Planejamento e controle operacional (8.1).
   b. Gestão da mudança (8.2).
   c. Subcontratação (8.3).

6. **Avaliação de Desempenho (Item 9 da ISO-55001)**
   a. Monitoramento, medição, análise e avaliação (9.1).
   b. Auditoria interna (9.2).
   c. Revisão da gestão (9.3).

7. **Melhoria (Item 10 da ISO-55001)**
   a. Não conformidade e ação corretiva (10.1).
   b. Ação preventiva (10.2).
   c. Melhoria contínua (10.3).

8.1 Case: A Gestão de Ativos na "*Logística*":

1. **Contexto da Empresa (Item 4 da ISO-55001)**
   a. Entendendo a Empresa e o seu Contexto (4.1).

ISO-55001: *A empresa deve determinar as questões internas e externas que são relevantes para o seu propósito, e que afetam a sua habilidade de atingir os resultados pretendidos do seu sistema de gestão de ativos.*

Braidotti Logística:

A Braidotti Logística é uma empresa de serviço no ramo de transporte coletivo. Possui uma frota atual de 250 automóveis na prestação de serviço de taxi, em uma cidade de 6 milhões de habitantes.

Todos os motoristas são credenciados e habilitados.

Nenhum motorista utiliza carro próprio, e todos recebem um percentual sobre a receita gerada pelo serviço de taxi.

b. Entendendo as Necessidades e as Expectativas das Partes Interessadas (4.2).

ISO-55001: *A empresa deve determinar as partes interessadas que são relevantes para o sistema de gestão de ativos, seus requisitos e as suas expectativas.*

Braidotti Logística:
A Braidotti Logística possui o perfil apresentado abaixo das partes interessadas:

- **Governo**:

Pressão por tributação do serviço de taxi gera risco para o negócio da empresa.

- **Fornecedores:**

Todos os carros utilizados pela empresa são do modelo Honda City. A empresa compra os carros com o capital de giro, na modalidade "0" km, à vista.

- **Colaboradores**:

A rotatividade dos motoristas é alta. No momento em que conseguem adquirir um carro próprio, os motoristas deixam a empresa. Alto risco de perda de recurso potencial já treinado e integrado na empresa.

- **Financiadores**:

A crise econômica aumentou a concorrência entre as agências de financiamento (bancos), gerando grande oportunidade de obter créditos a melhores taxas.

c. Determinando o Escopo do Sistema de Gestão de Ativos (4.3).

ISO-55001: *A empresa deve determinar os limites e a aplicabilidade do sistema de gestão de ativos para estabelecer o escopo, na qual deve estar alinhado com o plano estratégico da gestão de ativos (SAMP) e com a política da gestão de ativos.*

Braidotti Logística:
O escopo da Braidotti Logística é composto por 250 carros modelo Honda City, fabricado no ano da compra, distribuídos da seguinte maneira:

- Ano 2014: 15 carros
- Ano 2015: 40 carros
- Ano 2016: 65 carros
- Ano 2017: 70 carros
- Ano 2018: 45 carros
- Ano 2019: 15 carros

d. Sistema de Gestão de Ativos (4.4).

ISO-55001: *A empresa deve estabelecer, implementar, manter e melhorar continuamente um sistema de gestão de ativos, incluindo os processos necessários e suas interações, de acordo com os requisitos deste padrão internacional.*

A empresa deve desenvolver um plano estratégico da gestão de ativos (SAMP), que mostre o papel do sistema de gestão de ativos na realização dos objetivos da gestão de ativos.

Braidotti Logística:

A Braidotti Logística possui um sistema de gestão de ativos aderente aos requisitos da norma ISO-55001.

O responsável pela implantação do sistema de gestão de ativos, conforme apresentado pelo documento oficial da empresa, é o "*Gerente de Ativos*" contratado pela empresa, com o principal objetivo de controlar todas as ações que estejam envolvidas, direta ou indiretamente com o sistema de gestão de ativos.

2. Liderança (Item 5 da ISO-55001)

a. Liderança e Comprometimento (5.1).

ISO-55001: *A empresa deve demonstrar liderança e comprometimento com respeito ao sistema de gestão de ativos, garantindo que a política de gestão de ativos, o plano estratégico da gestão de ativos (SAMP) e os objetivos da gestão de ativos estejam estabelecidos, e sejam compatíveis com os objetivos organizacionais.*

Braidotti Logística:
A iniciativa para a implantação do sistema de gestão de ativos, alinhado com a norma ISO-55001, e a contratação do "*Gerente de Ativos*", foi uma solicitação direta da Alta Direção da empresa, para o "*Gerente Geral*", que é o responsável direto pela condução dos negócios da empresa.

b. Política (5.2).

ISO-55001: *A empresa deve estabelecer uma política de gestão de ativos que esteja apropriada com o propósito da empresa. Esta política deve ser diferente da política da manutenção, ou do sistema da qualidade, ou do sistema do meio ambiente, ou do sistema de segurança ou saúde ocupacional, ou do sistema de gestão de riscos.*

Braidotti Logística:
A Braidotti Logística possui a seguinte "*Política de Gestão de Ativos*":

"Os carros e os motoristas da Braidotti Logística, são seus principais recursos para atingir seus objetivos estratégicos. Para isto, serão adquiridos, conduzidos, mantidos e revendidos, de maneira que o lucro por quilômetro rodado seja o máximo possível.

Para o atingimento desta meta apresentada acima, é obrigatório:

- Atender as necessidades dos clientes com eficácia, pontualidade, respeito, limpeza e honestidade.
- Cumprir o código de Trânsito Brasileiro.
- Garantir que os motoristas da empresa não sejam expostos a risco de vida por

degradação e/ou obsolescência dos carros.

A Braidotti Logística possui um sistema de gestão de ativos, na qual suporta o cumprimento deste objetivo, através das regras determinadas, e com um compromisso com a constante melhoria contínua dos resultados atingidos.

c. Regras, Responsabilidades e Autoridades da Organização (5.3).

ISO-55001: *A alta direção deve garantir que as responsabilidades e as autoridades para as regras relevantes estejam alinhadas e sejam comunicadas dentro da empresa.*

Braidotti Logística:

A Braidotti Logística possui um organograma, na qual apresenta a estrutura funcional da empresa, como segue:

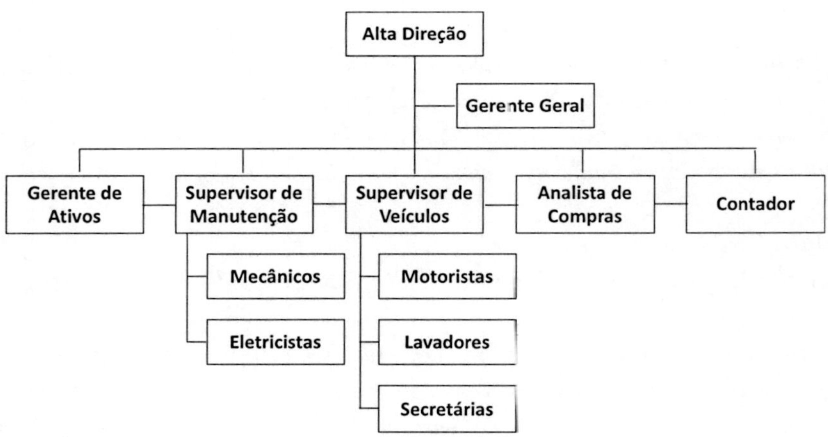

3. Planejamento (Item 6 da ISO-55001)

a. Ações para endereçar os Riscos e as Oportunidades para o Sistema de Gestão de Ativos (6.1). "*Gestão dos Riscos*"

ISO-55001: *Quando estiver planejando para o sistema de gestão de ativos, a empresa deve considerar as questões referentes ao "item 4.1" (Entendendo a empresa e o seu* *contexto), e aos requisitos relacionados com o "item 4.2" (Entendendo as necessidades e as expectativas das partes interessadas), e determinar os riscos e as oportunidades para o sistema de gestão de ativos.*

Braidotti Logística:

A Braidotti Logística possui uma metodologia para a gestão dos riscos associados a um modelo matemático probabilístico, para os custos e as receitas dos carros.

A metodologia considera todos os parâmetros de controle, e das incertezas que estão relacionadas com os custos e com as receitas.

Todas as vezes que novos riscos são identificados, a metodologia é atualizada, e as estratégias de investimentos de capital, da utilização dos carros, e da manutenção dos carros, são redefinidas conforme o novo cenário apresentado.

b. Objetivos da Gestão de Ativos e o Planejamento para o Atingimento (6.2).

ISO-55001: *A empresa deve estabelecer os objetivos da gestão de ativos a níveis e funções relevantes, considerando os requisitos das partes interessadas relevantes, e de outros requisitos financeiros, técnicos, legais, regulatórios e organizacionais, no processo do planejamento da gestão de ativos.*

Braidotti Logística:

A Braidotti Logística tem a sua estratégia definida da seguinte maneira: "***Aumentar o lucro da empresa em 15% nos próximos 4 anos, mantendo o valor do patrimônio***".

4. Suporte (Item 7 da ISO-55001)

a. Recursos (7.1).

ISO-55001: *A empresa deve determinar e fornecer os recursos necessários para o es-*

tabelecimento, a implantação, a manutenção e a melhoria contínua do sistema de gestão de ativos.

A empresa deve fornecer os recursos requeridos no atendimento aos objetivos da gestão de ativos, e para a implantação das atividades especificadas nos planos de gestão de ativos (AMP).

Braidotti Logística:

Com a determinação dos Planos de Gestão de Ativos (AMP), os custos totais das ações foram determinados. A Alta Direção solicitou algumas pequenas melhorias e modificações. Todos os recursos necessários foram autorizados pela Alta Direção, e liberados para o "*Gerente Geral*".

b. Competência (7.2).

ISO-55001: *A empresa deve determinar a competência necessária das pessoas que estão realizando o trabalho sob seu controle, que afeta o desempenho do ativo, o desempenho da gestão de ativos e o desempenho do sistema de gestão de ativos.*

Braidotti Logística:
A Braidotti Logística mantém um programa de integração sempre atualizado, na qual cada colaborador conhece as questões de segurança e meio ambiente, e todas as questões de desenvolvimento das suas atribuições funcionais.

Todos os treinamentos fornecidos pela empresa possuem um prazo de reciclagem de 2 (dois) anos.

Caso o Supervisor de cada equipe técnica e/ou operacional identificar a necessidade de capacitação da sua equipe, os treinamentos são programados e realizados conforme a necessidade.

O plano regular de treinamento contempla as seguintes competências:
- Direção defensiva.
- Comportamento preventivo.
- Inspeção eletromecânica.

- Mecânica básica de carros.
- Utilização do aplicativo BraidottiNet.
- Relacionamento com o cliente.
- Inglês básico.
- Espanhol básico.

c. **Reconhecimento (7.3).**

ISSO-55001: *As pessoas que realizam trabalho sob o controle da empresa, que possam ter um impacto direto no atingimento dos objetivos da gestão de ativos, devem reconhecer a política de gestão de ativos, e a sua contribuição para a eficácia do sistema de gestão de ativos.*

Braidotti Logística:

A Braidotti Logística desenvolveu através do "*Gerente de Ativos*" um programa de conscientização/reconhecimento interno chamado "*Top Car*".
Este programa apresenta:

- Como as tarefas de aquisição, direção, manutenção e revenda dos carros interagem ao longo da vida do carro.
- Qual é o papel de cada um para maximizar a receita e minimizar os custos de cada carro.

d. **Comunicação (7.4).**

ISO-55001: *A empresa deve determinar as necessidades para a comunicação interna e externa, relevantes para os ativos, para a gestão dos ativos e para o sistema de gestão de ativos.*

Braidotti Logística:
A Braidotti Logística possui um "*Plano de Comunicação*", na qual possui as seguintes estratégias:

- Relatório de Acidente de Trânsito: Emitir relatório a todos os colaboradores descrevendo o acidente a as suas consequências, e tem como responsável o "*Gerente Geral*".

- Relatório de Crime: Emitir relatório a todos os colaboradores, quando ocorrer furto, assalto ou latrocínio, e tem como responsável o "*Gerente Geral*".

e. Requisitos da Informação (7.5).

ISO-55001: *A empresa deve determinar seus requisitos da informação para suportar seus ativos, a gestão de ativos e o sistema de gestão de ativos, e o atingimento dos seus objetivos organizacionais.*

Braidotti Logística:

A Braidotti Logística determina que cada carro da empresa deve possuir um "Tablet" que permite o acesso ao aplicativo "BraidottiNet".

Cada motorista deve inserir os dados operacionais diariamente, tais como:
- A distância percorrida.
- O consumo de combustível.
- O número de corridas.

Os mecânicos, os administrativos e os supervisores também inserem, diariamente, informações no aplicativo.

O "*Gerente de Ativos*" preparou o manual do aplicativo que define o nível de qualidade das informações, e o responsável pelo fornecimento das informações.

A capacitação neste aplicativo da empresa, faz parte do plano de treinamento.

f. Informação Documentada (7.6).

ISO-55001: *O sistema de gestão de ativos da empresa deve incluir a informação documentada, no atendimento aos requisitos regulatórios e legais aplicáveis, e a informação documentada determinada pela empresa como sendo necessária para a eficácia do sistema de gestão de ativos, conforme especificado no "item 7.5" (Requisitos da informação).*

Braidotti Logística:

A Braidotti Logística determina que a gestão dos documentos associados aos carros, é de responsabilidade do supervisor dos carros, e deve conter:

- As Notas Fiscais de compra.
- A apólice de seguro.
- Os recibos de compra de combustível.
- Os recibos de pagamento de impostos.
- As ordens de manutenção externa.
- As ordens de manutenção interna.

5. Operação (Item 8 da ISO-55001)

a. Planejamento e Controle Operacional (8.1).

ISO-55001: *A empresa deve planejar, implantar e controlar os processos necessários no atendimento aos requisitos, e implantar as ações determinadas no "item 6.1" (Ações para endereçar os riscos e as oportunidades para o sistema de gestão de ativos), e os planos de gestão de ativos determinados no "item 6.2" (Objetivos da gestão de ativos e o planejamento para o atingimento), e as ações corretivas e preventivas determinadas no "item 10.1" (Não conformidade e ação corretiva), e no item "10.2" (Ação preventiva).*

Braidotti Logística:
A Braidotti Logística determina que os processos de realização dos planos de gestão de ativos foram mapeados da seguinte forma:

- Aquisição.
- Substituição.
- Manutenção.
- Serviço.

O modelo matemático dos custos e receitas foi utilizado para definir os parâmetros de controle dos processos.

A partir das informações inseridas no sistema BraidottiNet, o "*Gerente de Ativos*" faz o controle dos processos, notificando seus pares em casos de desvio.

b. Gestão da Mudança (8.2).

ISO-55001: *Os riscos associados com qualquer mudança planejada, permanente ou temporária, na qual possa apresentar um impacto no atingimento dos objetivos da gestão de ativos, devem ser avaliados antes que a mudança seja implantada.*

A empresa deve garantir que os riscos sejam gerenciados de acordo com o "item 6.1" (Ações para endereçar os riscos e as oportunidades para o sistema de gestão de ativos), e com o "item 6.2.2" (Planejamento para atingir os objetivos da gestão de ativos).

Braidotti Logística:
A Braidotti Logística determina que toda mudança nos procedimentos das atividades de ciclo de vida, ou nos parâmetros dos processos deve ser aprovada pelo "*Gerente de Ativos*".

Sua decisão será tomada ao atualizar o modelo matemático de ciclo de vida.

Se a mudança for aprovada, o plano de gestão de ativos é atualizado, e o conselho da empresa e as partes interessadas, serão notificados.

c. Subcontratação (8.3).

ISO-55001: *Quando a empresa subcontrata qualquer atividade que possa ter um impacto no atingimento dos objetivos da gestão de ativos, deve avaliar os riscos associados. A empresa deve garantir que as atividades e os processos subcontratados estejam controlados.*

A empresa deve determinar e documentar como estas atividades subcontratadas serão controladas, e integradas no sistema de gestão de ativos da empresa.

Braidotti Logística:
A Braidotti Logística terceiriza o serviço de lavagens, fornecendo espaço dentro do próprio galpão da empresa.

A empresa fornece o serviço e todos os recursos, cobrando por lavagem.

O gestor do contrato é o supervisor de carros.

O procedimento de limpeza é definido pelo supervisor dos carros, que também é o responsável pelo controle e fiscalização dos serviços da empresa contratada.

Cada vez que o procedimento é atualizado, a contratada negocia a revisão do contrato com a empresa.

6. Avaliação de Desempenho (Item 9 da ISO-55001)

a. Monitoramento, Medição, Análise e Avaliação (9.1).

ISO-55001: *A empresa deve determinar as necessidades a serem monitoradas e medidas, os métodos para o monitoramento, a medição, a análise e a avaliação, conforme aplicável, para garantir a validade dos resultados.*

Braidotti Logística:
A Braidotti Logística realiza o monitoramento mensal, através do "*Gerente de Ativos*", do lucro médio por carro, calculado diretamente a partir das informações fornecidas pelos motoristas no sistema BraidottiNet.

É realizado o monitoramento mensalmente, também, referente a realização de cada linha do plano de gestão de ativos (AMP).

O resultado do monitoramento é carregado no sistema BraidottiNet, para compartilhar a informação com todos os colaboradores.

b. Auditoria Interna (9.2).

ISO-55001: *A empresa deve conduzir auditorias internas em intervalos planejados, para fornecer informação se o sistema de gestão de ativos está de acordo com os requisitos determinados, e se está efetivamente implantado e mantido.*

Braidotti Logística:
A Braidotti Logística possui um programa regular de auditoria interna do sistema de gestão, na qual é realizada pelo "*Gerente de Ativos*" com uma frequência anual, verificando o atendimento aos requisitos da norma ISO-55.001.

No programa de auditoria interna existe uma determinação também, na qual determina que o "*Gerente de Ativos*" deve contratar, a cada 3 (três) anos, um auditor independente para os mesmos critérios de avaliação da aderência das práticas atuais, com os requisitos da norma ISO-55.001.

c. Revisão da Gestão (9.3).

ISO-55001: *A alta direção deve revisar o sistema de gestão de ativos da empresa, a intervalos planejados, no sentido de garantir a sua continuidade apropriada, adequada e efetiva.*

Braidotti Logística:
A Braidotti Logística determina a realização de uma reunião mensal, pela alta direção, para a análise do desempenho operacional, no sentido de avaliar:

- O lucro médio por carro.
- O cumprimento dos planos de gestão de ativos.
- O cumprimento das ações preventivas e corretivas.

Todas as deliberações da reunião devem ser tratadas conforme é determinado pelos requisitos do processo de gestão de mudanças.

7. Melhoria (Item 10 da ISO-55001)

a. Não Conformidade e Ação Corretiva (10.1).

ISO-55001: *Quando uma não conformidade ou um incidente ocorrer nos seus ativos, na gestão de ativos ou no sistema de gestão de ativos, a empresa deve tomar ação de controle e corrigir, e administrar as consequências. Deve também avaliar a necessidade de ação para eliminar as causas da não conformidade ou do incidente.*

Braidotti Logística:
A Braidotti Logística possui um programa de conscientização/reconhecimento interno chamado "*Top Car*", e dentro deste programa, todo colaborador é incentivado a registrar as não conformidades do sistema de gestão de ativos.

O aplicativo BraidottiNet possui um módulo específico para este fim.

O "*Gerente de Ativos*" é o responsável pelo tratamento das não conformidades identificadas, negociando os recursos necessários com a alta direção.

b. Ação Preventiva (10.2).

ISO-55001: *A empresa deve estabelecer processos para identificar, antecipadamente, as falhas potenciais no desempenho do ativo, e avaliar a necessidade para uma ação preventiva.*

Braidotti Logística:
A Braidotti Logística possui um sistema de controle, para que além do tratamento das não conformidades, todos os colaboradores possam identificar oportunidades potenciais de melhorias, nas quais serão tratadas de uma maneira preventiva.

c. Melhoria Contínua (10.3).

ISO-55001: *A empresa deve melhorar continuamente, a condição apropriada, adequada e eficaz da gestão de ativos, e do sistema de gestão de ativos.*

Braidotti Logística:
A Braidotti Logística reforça seu compromisso com a melhoria contínua, tratando a execução das ações corretivas e preventivas na reunião de desempenho operacional.

Além disto, toda ação implantada deve atender aos requisitos de gestão de mudanças.

Capítulo 9

A Certificação CAMA e outras Certificações

"Só há uma coisa pior do que formar colaboradores e eles partirem. É não os formar e eles permanecerem".

Henry Ford

Partindo da premissa de que a gestão de ativos é uma atividade coordenada e sistemática de uma organização que torna real o valor conquistado pelos ativos ao longo do ciclo de vida e alinhado com o planejamento estratégico de uma organização, existem variados tipos de certificações que promovem a habilidade de um profissional em conduzir uma empresa à certificação em gestão de ativos.

A certificação mais difundida no Brasil e no mundo é a **CAMA** *(Certified Asset Management Assessor).* A **CAMA** é uma certificação australiana do *AM Council* que habilita o profissional a assessorar uma companhia na busca da certificação em gestão de ativos. Sobretudo, existem outras certificações, como a CEPAMI, de origem francesa, do IFRAMI *(Institut Français d'Asset Management Industriel et Infrastructures)* que promove os mesmos conhecimentos e habilidades ao profissional que busca o aprimoramento em gestão de ativos.

Apesar de não ser o escopo da certificação, profissionais que possuem certificações como: CMRP *(Certified Maintenance & Reliability Professional),* PMP *(Project Management Professional),* CEM *(Certified Energy Manager),* CMVP *(Certified Measurement & Verification Professional)* e outras desta natureza possuem o embasamento técnico necessário para suportar uma companhia no referido processo. Isto ocorre porque todos os profissionais que possuem as referidas certificações trabalham ou trabalharam com ativos físicos, de capital intelectual, informacional, financeiro e intangível.

Capítulo 10

A Preparação para o Exame CAMA

"O sucesso é um péssimo professor. Ele seduz pessoas inteligentes a acreditarem que elas não podem perder"

Bill Gates

O processo de preparação para o exame **CAMA** advém de se realizar um curso preparatório para o referido processo, sedimentar os conceitos através de estudos complementares e estar altamente concentrado para fazer tal avaliação.

É imprescindível que se escolha cursos com uma carga horária adequada ao conteúdo, caso contrário será muito difícil concatenar os processos de gestão de ativos.

O exame é um instrumento que verifica o seu nível de conhecimento e o habilita em tal processo, mas não garante que com a devida aprovação o profissional possui a segurança necessária para conduzir um processo de certificação de gestão de ativos de uma dada organização.

Isto ocorre porque é comum profissionais certificados em tal processo recorrerem à ajuda de profissionais que não possuem a certificação **CAMA** para conduzir uma organização à certificação em gestão de ativos. Sobretudo, estes profissionais que não possuem a certificação **CAMA** normalmente possuem certificações correlatas ao tema ou possuem conhecimento acadêmico necessário para suportar os profissionais certificados no exame **CAMA**.

No Brasil, a Associação Brasileira de Manutenção (ABRAMAN) é a responsável pela realização do exame.

Tal associação é fundadora do *Global Forum on Maintenance and Asset Management* (GFMAM).

Esta entidade reúne as seguintes associações em manutenção e gestão de ativos: IAM (Reino Unido), IFRAMI (França), BEMAS (Bélgica), JIPM (Japão), AM Council (Austrália), GSMR (Arábia), SAAMA (África do Sul), SMRP (Estados Unidos), PEMAC (Canadá), ABRAMAN (Brasil).

Para realizar o exame **CAMA**, deve-se cadastrar no site **WPiAM** *(World Partners in Asset Management)* e solicitar um suporte à **ABRAMAN**.

O exame é realizado diretamente no computador, apresenta cerca de 110 questões alternativas que devem ser respondidas em 2 horas.

Das 39 áreas do conhecimento do documento *The Asset Management Landscape do* ***GFMAM***, são exigidas somente 36 áreas.

Ao se comparar o processo de realização de tal exame com outros exames de certificações, identificou-se as seguintes oportunidades de melhoria:

- A realização do exame deve ser feita no horário previamente informado para evitar intensificar o nível de ansiedade dos candidatos.
- É imprescindível que a chave do exame seja distribuída na presença de todos os candidatos por meio de um sorteio. Isto traz maior transparência ao processo.
- É de suma importância que os candidatos saibam exatamente quais são os critérios de aprovação em tal exame independente que o mesmo seja modelado por um algoritmo. Assim, minimizará eventuais dúvidas quanto a aprovação ou não em tal processo. Este requisito é claro nos outros tipos de certificações internacionais.
- O nível de tradução das questões do exame necessita ser aprimorado. Isto promoverá um melhor entendimento das questões para a escolha da alternativa mais apropriada como resposta.

Tais oportunidades de melhoria já foram encaminhadas ao **WPiAM**, bem como foram entendidas por tal entidade como devidamente coerente ao processo.

Capítulo 11

Simulado para a Interpretação da Norma ISO-55001

Se você pensa na educação como custo,
experimente pensar no custo da ignorância!

José Wagner Braidotti

Visando sedimentar o conhecimento sobre o processo de gestão de ativos, a empresa **Braidotti Engenharia** preparou um simulado com 110 questões.

Existem 2 opções para as questões que envolvem este simulado:

a. Você irá encontrar um "***QR Code***" no final do simulado, com o qual poderá baixar o gabarito com as 110 questões.

b. Você poderá preencher a ficha de respostas no final do livro, digitalizar e enviar para o seguinte e-mail: jwb@jwb.com.br, e suas respostas serão corrigidas e o resultado será enviado com os nossos comentários.

Seguem abaixo as 110 questões do simulado:

1. O conceito central de "Gestão de Ativos" significa:

A: A maneira pela qual as ações são realizadas em prol da melhor confiabilidade dos ativos.

B: A forma na qual os ativos entregam os seus resultados, alinhados com o propósito pela qual estão sendo utilizados.

C: Uma forma de gestão integrada com os princípios que regem as melhores práticas organizacionais.

D: Todas as alternativas anteriores.

2. O ativo é:

A: Um objeto que tenha valor potencial para o sistema de gestão de ativos.

B: Um item que tenha valor real para as partes interessadas.

C: Uma entidade que tenha valor para o processo de gestão de ativos.

D: Um item, algo ou entidade que tenha valor real ou potencial para uma empresa.

3. Um conjunto de ativos:

A: Pode ser considerado um ativo.

B: Não pode ser considerado um ativo pois, é composto por diversos ativos.

C: Representa a somatória do resultado gerado por todos os ativos que o compõe.

D: Nenhuma das alternativas anteriores.

4. A ISO-55001 representa:

A: Atividades coordenadas de uma organização para criar valor para os ativos.

B: Um conjunto de atividades para a finalidade de gerar o melhor resultado para o sistema da qualidade.

C: Atividades coordenadas de uma organização para realizar valor a partir dos ativos.

D: Um conjunto de processos organizados e orientados para a geração de valor financeiro na organização.

5. Os processos operacionais representam:

A: Uma parte vital do tratamento dos recursos, na melhor aplicação dos ativos para a obtenção dos resultados planejados.

B: Uma parte intermediária do fluxo de trabalho de uma organização, na qual opera sem relação da demanda com foco no resultado.

C: Uma estratégia na qual o ponto central do negócio está vinculado somente ao departamento operacional da organização.

D: Nenhuma das alternativas anteriores.

6. O valor da gestão de ativos representa:

A: O equilíbrio entre o desempenho, os riscos e as oportunidades para alcançar os objetivos organizacionais.

B: O equilíbrio entre os riscos, as oportunidades e a qualidade para alcançar os objetivos organizacionais.

C: O equilíbrio entre o desempenho, a qualidade e as oportunidades para alcançar os objetivos organizacionais.

D: O equilíbrio entre os custos, as oportunidades e os riscos para alcançar os objetivos organizacionais.

7. **Ser eficiente significa:**

A: Conduzir os processos de trabalho, desalinhados com os padrões do sistema de gestão de ativos, mas atingir os resultados projetados.

B: Realizar as atividades diárias da forma costumeira, com todos os paradigmas atuais, mesmo superando as metas algumas vezes.

C: Garantir que os processos de trabalho estejam alinhados com os padrões do sistema de gestão de ativos, através dos recursos utilizados, com a obtenção dos resultados programados.

D: Que os objetivos da organização estão sendo atingidos, independente do formato que os processos, procedimentos e o desempenho dos ativos estejam sendo conduzidos.

8. **A gestão de ativos:**

A: Não foca no próprio ativo, mas sim no valor que o ativo pode proporcionar para a empresa.

B: Foca no próprio ativo, independentemente do valor que o ativo pode proporcionar para a empresa.

C: Não foca no próprio ativo, mas sim na maneira que o ativo está integrado dentro da empresa.

D: Foca no próprio ativo e também no valor que o ativo pode proporcionar para a empresa.

9. **As capabilidades de gestão de ativos incluem:**

A: Os processos, os recursos, as competências e as tecnologias para permitir a entrega de planos de gestão de ativos.

B: Os processos, os recursos, as competências e as tecnologias para permitir o eficaz e eficiente desenvolvimento, e entrega de planos de gestão de ativos, e atividades da vida do ativo.

C: Os recursos e as competências para permitir o eficiente desenvolvimento, e entrega de planos de gestão de ativos, e atividades da vida do ativo e a sua melhoria contínua.

D: Os processos, os recursos, as competências e as tecnologias para permitir o eficaz e eficiente desenvolvimento, e entrega de planos de gestão de ativos, e atividades da vida do ativo e a sua melhoria contínua.

10. Os estágios do ciclo de vida dos ativos compõem:

A: O projeto, a aquisição, a instalação, a operação e a manutenção.

B: A concepção, o projeto e o desenvolvimento, a aquisição, a instalação, o comissionamento, a operação e manutenção e o descarte.

C: A concepção, o projeto e o desenvolvimento, a aquisição, a operação e manutenção e o descarte.

D: A concepção, a aquisição, a instalação, o comissionamento, a operação e o descarte.

11. O sistema de gestão de ativos é:

A: Um sistema integrado para a prevenção, a mitigação e a resposta a eventos que possam causar acidentes que coloca em risco as pessoas, o meio ambiente e o negócio, assegurando a integridade das instalações durante todo o ciclo de vida.

B: Um sistema integrado para a correção, se necessário, a mitigação e a resposta a eventos que possam causar acidentes que coloca em risco as pessoas, o meio ambiente e o negócio, assegurando a integridade das instalações durante todo o ciclo de vida.

C: Um sistema integrado para a prevenção, mitigação e resposta a eventos que possam causar acidentes que coloca em risco as pessoas e o meio ambiente, assegurando a integridade das instalações durante todo o ciclo de vida.

D: Um sistema integrado para a prevenção, mitigação e resposta a eventos que possam causar acidentes que coloca em risco as pessoas, o meio ambiente e o negócio.

12. A liderança:

A: É uma posição ocupada por aqueles que possuem autoridade para comandar.

B: Não é um processo pois, representa uma força propulsora de motivação e orientação constante sobre todos os componentes de uma equipe.

C: Pode ser vista como um processo e, não como uma posição ocupada por aqueles que possuem autoridade para comandar.

D: Apesar de representar um importante processo, pode ser considerada como uma posição ocupada por aqueles que possuem autoridade para comandar.

13. Um sistema de gestão de ativos representa:

A: Um conjunto de elementos inter-relacionados de uma organização, que interagem para dirigir, coordenar e controlar as atividades de gestão de ativos, que são representadas pelas políticas, planos, operações, desenvolvimento de competências e os sistemas de informações.

B: Um conjunto de elementos inter-relacionados de uma organização, representados pelas políticas, planos, operações, desenvolvimento de competências e os sistemas de informações, que interagem para dirigir, coordenar e controlar as atividades de gestão de ativos.

C: Um conjunto de elementos inter-relacionados de uma organização, representados pelas políticas, planos, operações e o desenvolvimento de competências, que interagem para dirigir, coordenar e controlar as atividades de gestão de ativos.

D: Um conjunto de elementos inter-relacionados de uma organização, que interagem para dirigir, coordenar e controlar as atividades dos planos de gestão de ativos.

14. No processo da comunicação, com relação ao Plano de Comunicação a empresa deve:

A: Determinar a necessidade da comunicação relevante para os ativos e para o sistema de gestão de ativos incluindo o que será comunicado, quando comunicar, para quem comunicar e como comunicar.

B: Determinar a necessidade da comunicação relevante para os ativos incluindo o que será comunicado, quando comunicar, para quem comunicar e como comunicar.

C: Determinar a necessidade da comunicação relevante para os ativos, para a gestão de ativos e para o sistema de gestão de ativos incluindo o que será comunicado e como comunicar.

D: Determinar a necessidade da comunicação relevante para os ativos, para a gestão de ativos e para o sistema de gestão de ativos incluindo o que será comunicado, quando comunicar, para quem comunicar e como comunicar.

15. No processo dos objetivos da gestão de ativos e o planejamento para atin-

gir, a Gestão de Ativos é representada por:

A: Atividades coordenadas e sistemáticas de uma empresa para tornar real o valor conquistado dos ativos, ao longo do ciclo de vida, alinhado com o planejamento estratégico.

B: Atividades coordenadas e sistemáticas de um departamento para tornar real o valor conquistado dos ativos físicos, ao longo do ciclo de vida, alinhado com o planejamento estratégico.

C: Atividades coordenadas e sistemáticas de uma empresa para tornar real o valor conquistado dos ativos humanos, ao longo do ciclo de vida, alinhado com o planejamento da qualidade.

D: Atividades coordenadas e sistemáticas de uma empresa para tornar real o valor conquistado dos ativos financeiros, ao longo do ciclo de vida, alinhado com o planejamento da manutenção.

16. Global:

Relacionar as questões abaixo:

1	Gestão de Ativos		Componente vital do escopo do sistema de gestão de ativos.
2	Sistema de Gestão de Ativos		Atividades realizadas diretamente nos ativos ao longo da sua utilização.
3	Atividades do Ciclo de Vida		Atividades coordenadas de uma organização para produzir valor.
4	Portfólio de Ativos		Conjunto de elementos inter-relacionados para estabelecer a política, os objetivos e o processo a ser conduzido.

17. No processo do entendimento da empresa e do seu contexto, a empresa deve determinar:

A: Somente as questões internas, que são relevantes para seus propósitos e que afetam as suas habilidades para atingir os resultados projetados para seu sistema de gestão de ativos.

B: As questões internas e externas, que são relevantes para seus propósitos e que afetam as suas habilidades para atingir os resultados projetados para seu sistema de gestão de ativos.

C: As questões internas ou externas, que são relevantes para seus propósitos e que afetam as suas habilidades para atingir os resultados projetados para seu sistema de gestão de ativos.

D: Qualquer tipo de questão, que seja relevante para seus propósitos e que afetam as suas habilidades para atingir os resultados projetados para seu sistema de gestão de ativos.

18. No processo do entendimento da empresa e do seu contexto, os objetivos da gestão de ativos devem estar alinhados e consistentes com os objetivos da empresa incluindo:

A: O plano estratégico de gestão de ativos (SAMP).
B: Os planos de gestão de ativos (AMP's).
C: A política de gestão de ativos.
D: Todas as alternativas anteriores.

19. No processo do entendimento das necessidades e as expectativas das partes interessadas, a empresa deve determinar as partes interessadas que são relevantes para:

A: O sistema de gestão de ativos.
B: O plano estratégico de gestão de ativos (SAMP).
C: Os planos de gestão de ativos (AMP's).
D: A política de gestão de ativos.

20. No processo do entendimento das necessidades e as expectativas das partes interessadas, a divulgação das questões relevantes, financeiras e não financeiras da gestão de ativos deve ser realizada:

A: Internamente.
B: Externamente.
C: Somente para a alta direção.
D: Internamente e externamente.

21. O escopo da gestão de ativos deve estar alinhado com:

A: O plano estratégico de gestão de ativos (SAMP) e a política de gestão de ativos.
B: Os planos de gestão de ativos (AMP's).
C: O plano estratégico de gestão de ativos (SAMP).
D: O sistema de gestão de ativos.

22. Quando determinado o escopo a empresa deve considerar:

A: As questões internas e externas, financeiras e não financeiras, integradas com outros sistemas de gestão.

B: As questões internas integradas com outros sistemas de gestão.

C: As questões externas, integradas com outros sistemas de gestão.

D: As questões financeiras internas e externas, integradas com outros sistemas de gestão.

23. No quesito do sistema de gestão de ativos, a empresa deve desenvolver, no suporte aos objetivos da gestão de ativos:

A: Os planos de gestão de ativos (AMP's).

B: A política de gestão de ativos.

C: O plano estratégico de gestão de ativos (SAMP).

D: Um plano de ação alinhado com as metas da empresa.

24. No processo de liderança e comprometimento, a alta direção deve demonstrar liderança e comprometimento com relação ao sistema de gestão de ativos, garantindo que:

A: A política de gestão de ativos, o plano estratégico de gestão de ativos (SAMP) e os objetivos da gestão de ativos, sejam estabelecidos e compatíveis com os objetivos da empresa.

B: A política de gestão de ativos seja estabelecida e compatível com os objetivos da empresa.

C: O plano estratégico de gestão de ativos (SAMP) seja estabelecido e compatível com os objetivos da empresa.

D: Os objetivos da gestão de ativos, sejam estabelecidos e compatíveis com os objetivos da empresa.

25. No processo de liderança e comprometimento, a alta direção deve demonstrar liderança e comprometimento com relação ao sistema de gestão de ativos, garantindo que:

A: A integração dos requisitos do sistema de gestão de ativos com os processos do negócio da empresa.

B: A integração dos requisitos do sistema de gestão de ativos com a política de gestão de ativos.

C: A integração dos requisitos do sistema de gestão de ativos com o plano estratégico de gestão de ativos (SAMP).

D: Nenhuma alternativa anterior.

26. No processo de liderança e comprometimento, a alta direção deve demonstrar liderança e comprometimento com relação ao sistema de gestão de ativos, garantindo que:

A: Os recursos para o sistema de gestão de ativos estejam disponíveis.

B: Os recursos para a manutenção estejam disponíveis.

C: Os recursos para o plano estratégico de gestão de ativos (SAMP) estejam disponíveis.

D: Todas as alternativas anteriores.

27. No processo de liderança e comprometimento, a alta direção deve demonstrar liderança e comprometimento com relação ao sistema de gestão de ativos:

A: Direcionando e suportando as pessoas para contribuir com a eficácia do sistema de gestão de ativos.

B: Direcionando e suportando as pessoas para contribuir com a eficácia dos planos de gestão de ativos (AMP's).

C: Direcionando e suportando as pessoas para contribuir com a eficácia da política de gestão de ativos.

D: Direcionando e suportando as pessoas para contribuir com a eficácia dos objetivos da gestão de ativos.

28. No processo de liderança e comprometimento, a alta direção deve demonstrar liderança e comprometimento com relação ao sistema de gestão de ativos, garantindo que a:

A: Abordagem utilizada para a gestão dos riscos na gestão de ativos, esteja alinhada com a abordagem da empresa para a gestão dos riscos.

B: Abordagem utilizada para a gestão dos riscos nos planos de gestão de ativos (AMPs) e na política de gestão de ativos, esteja alinhada com a abordagem da empresa para a gestão dos riscos.

C: Abordagem utilizada para a gestão dos riscos no plano estratégico de gestão de ativos (SAMP), esteja alinhada com a abordagem da empresa para a gestão dos riscos.

D: Abordagem utilizada para a gestão dos riscos na manutenção, esteja alinhada com a abordagem da empresa para a gestão dos riscos.

29. A Alta Direção deve estabelecer uma política de gestão de ativos que:

A: Seja apropriada para o propósito da organização.
B: Forneça uma estrutura que sustente os objetivos da gestão de ativos.
C: Inclua um compromisso de melhoria contínua do sistema de gestão de ativos.
D: Todas as alternativas anteriores.

30. A Política de Gestão de Ativos deve:

A: Estar disponível como informação documentada.
B: Estar disponível obrigatoriamente para as partes interessadas.
C: Ser um documento único sem previsão de revisão periódica.
D: Ser genérica, não necessariamente estar vinculada a natureza do negócio da empresa.

31. A Política de Gestão de Ativos deve também:

A: Ser comunicada somente dentro da empresa.
B: Ser consistente com o plano organizacional.
C: Ser comunicada em qualquer tipo de veículo de comunicação.
D: Nenhuma as alternativas anteriores.

32. A Política de Gestão de Ativos deve ser revisada e atualizada periodicamente porque:

A: É real a movimentação dos colaboradores dentro e fora da empresa.
B: As partes interessadas possuem objetivos distintos em seus processos.
C: Os processos de comunicação são atualizados frequentemente.
D: O plano organizacional pode sofrer alteração em virtude do comportamento do mercado.

33. No processo das regras, responsabilidades e autoridades, qual afirmação abaixo está correta?

A: É o gerente de gestão de ativos que deve garantir que as responsabilidades e autoridades para as regras relevantes sejam determinadas e comunicadas dentro da empresa.
B: É o responsável nomeado das partes interessadas que deve garantir que as responsabilidades e autoridades para as regras relevantes sejam determinadas

e comunicadas dentro da empresa.

C: É a alta direção que deve garantir que as responsabilidades e autoridades para as regras relevantes sejam determinadas e comunicadas dentro da empresa.

D: É o gerente de manutenção que deve garantir que as responsabilidades e autoridades para as regras relevantes sejam determinadas e comunicadas dentro da empresa.

34. No processo das regras, responsabilidades e autoridades, a alta direção deve determinar a responsabilidade e autoridade para:

A: Estabelecer e atualizar os planos de manutenção.

B: Estabelecer e atualizar somente os objetivos de gestão de ativos.

C: Estabelecer e atualizar o SAMP (Plano estratégico de gestão de ativos), incluindo os objetivos de gestão de ativos.

D: Estabelecer e atualizar o sistema de gestão de ativos.

35. No processo das regras, responsabilidades e autoridades, a alta direção deve determinar a responsabilidade para:

A: Garantir a aplicabilidade, adequação e eficácia do sistema de gestão de ativos.

B: Estabelecer e atualizar os planos de gestão de ativos (AMP's).

C: Garantir que o sistema de gestão de ativos possa suportar a entrega do plano estratégico de gestão de ativos (SAMP).

D: Todas as alternativas anteriores.

36. Durante o planejamento do sistema de gestão de ativos a empresa deve:

A: Considerar somente as questões internas e externas que são relevantes para o seu propósito.

B: Considerar somente as questões que são relevantes para as partes interessadas.

C: Determinar os riscos e oportunidades que necessitam ser endereçadas na garantia que o sistema de gestão de ativos possa atingir o resultado proposto.

D: Nenhuma das alternativas anteriores.

37. No processo do planejamento do sistema de gestão de ativos, a empresa deve planejar ações para controlar os riscos e oportunidades:

A: Levando em conta como estes riscos e oportunidades podem alterar com o tempo.

B: Sem levar em consideração a avaliação da eficácia das ações.

C: Independente da integração das ações com os processos do sistema de gestão de ativos.

D: Levando em consideração que os riscos não sofrem alteração com o tempo.

38. No processo do planejamento do sistema de gestão de ativos, a empresa deve planejar:

A: Como avaliar a eficácia das ações relacionadas aos riscos e oportunidades.

B: Como garantir a eficácia das ações relacionadas aos riscos e oportunidades.

C: Como avaliar a eficiência das ações relacionadas aos riscos e oportunidades.

D: Como garantir a eficiência das ações relacionadas aos riscos e oportunidades.

39. Quando estabelecer os objetivos da gestão de ativos, a empresa deve:

A: Considerar os requisitos das partes interessadas relevantes.

B: Considerar os requisitos das partes interessadas e outros requisitos financeiros relevantes.

C: Considerar os requisitos das partes interessadas e outros requisitos financeiros, técnicos e legais relevantes.

D: Considerar os requisitos das partes interessadas e outros requisitos financeiros, técnicos, legais, regulatórios e organizacionais relevantes no processo do planejamento de gestão de ativos.

40. Os objetivos da gestão de ativos devem:

A: Ser consistente com a política de gestão de ativos.

B: Ser consistente com a política de manutenção.

C: Ser consistente com a política do sistema de gestão integrado (SGI) (Qualidade, Meio Ambiente e Segurança).

D: Todas as alternativas anteriores.

41. O processo de comunicação dos objetivos da gestão de ativos deve atingir:

A: Todos os colaboradores da empresa.

B: As partes interessadas relevantes.

C: Somente a alta direção.

D: A gerência técnica de manutenção.

42. Os objetivos da gestão de ativos devem:

A: Ser estabelecidos e atualizados como parte do plano estratégico da gestão de ativos (SAMP).

B: Estar inseridos no plano diretor de manutenção.

C: Estar inserido no manual do sistema de qualidade.

D: Ser estabelecidos e atualizados como parte dos planos da gestão de ativos (AMP's).

43. A empresa deve integrar o planejamento para atingir os objetivos da gestão de ativos com:

A: As atividades planejadas financeiras.

B: As atividades planejadas com o setor de recursos humanos.

C: As atividades planejadas com a área de manutenção.

D: Todas as alternativas anteriores.

44. No processo dos objetivos da gestão de ativos, os planos de gestão de ativos devem estar alinhados com:

A: A política de gestão de ativos.

B: O plano estratégico de gestão de ativos (SAMP).

C: A política de gestão de ativos e o plano estratégico de gestão de ativos (SAMP).

D: Os planos de manutenção preventiva.

45. No processo dos objetivos da gestão de ativos, os planos de gestão de ativos (AMP's) devem levar em consideração requisitos relevantes que:

A: Somente fazem parte do sistema de gestão de ativos.

B: Sejam gerados externo ao sistema de gestão de ativos.

C: Interfiram diretamente na funcionalidade dos ativos.

D: Todas as alternativas anteriores.

46. No processo dos objetivos da gestão de ativos, durante o planejamento para atingir os objetivos da gestão de ativos, a empresa deve determinar e documentar:

A: O método para a tomada de decisão das atividades que suportam os planos de gestão de ativos (AMP's).

B: O método e os critérios para a tomada de decisão das atividades que suportam os planos de gestão de ativos (AMP's).

C: O método e os critérios para a tomada de decisão das atividades e recursos que suportam os planos de gestão de ativos (AMP's), os objetivos da gestão de ativos e o plano estratégico de gestão de ativos (SAMP).

D: O método e os critérios para a tomada de decisão das atividades e recursos que suportam os planos de gestão de ativos (AMP's), os objetivos da gestão de ativos.

47. No processo dos objetivos da gestão de ativos, durante o planejamento para atingir os objetivos da gestão de ativos, a empresa deve determinar e documentar também:

A: O que será realizado, quais recursos serão necessários, quem será responsável, quando será concluído, e como os resultados serão avaliados.

B: O que será realizado, quais recursos serão necessários, quem será responsável e quando será concluído.

C: O que será realizado, quais recursos serão necessários e quem será responsável.

D: O que será realizado e quais recursos serão necessários.

48. No processo dos objetivos da gestão de ativos, durante o planejamento para atingir os objetivos da gestão de ativos, a empresa deve determinar e documentar também:

A: As implicações financeiras dos planos de gestão de ativos (AMP's).

B: As implicações não financeiras dos planos de gestão de ativos (AMP's).

C: Nenhuma implicação financeira está relacionada com o planejamento dos objetivos da gestão de ativos.

D: As implicações financeiras e não financeiras dos planos de gestão de ativos (AMP's).

49. No processo dos objetivos da gestão de ativos, durante o planejamento para atingir os objetivos da gestão de ativos, a empresa deve determinar e documentar também:

A: Os processos e métodos a serem empregados na gestão dos ativos ao longo do ciclo de vida.

B: Os processos e métodos a serem empregados na gestão dos ativos na fase de aquisição, instalação e comissionamento.

C: Os processos e métodos a serem empregados na gestão dos ativos na fase de operação e manutenção.

D: Os processos e métodos a serem empregados na gestão dos ativos na fase de concepção, desenvolvimento e engenharia.

50. No processo dos objetivos da gestão de ativos, durante o planejamento para atingir os objetivos da gestão de ativos, a empresa deve determinar e documentar também:

A: O horizonte de tempo apropriado para os planos de gestão de ativos (AMP's).

B: O período de revisão para os planos de gestão de ativos (AMP's).

C: Os processos e métodos a serem empregados na gestão dos ativos ao longo do ciclo de vida.

D: Todas as alternativas anteriores.

51. No processo dos objetivos da gestão de ativos, durante o planejamento para atingir os objetivos da gestão de ativos, a empresa deve determinar e documentar também:

A: Ações para determinar os riscos e as oportunidades associadas com a gestão de ativos.

B: Ações para determinar os riscos e as oportunidades associadas com a gestão de ativos humanos.

C: Ações para determinar os riscos e as oportunidades associadas com a gestão de ativos financeiros.

D: Ações para determinar os riscos e as oportunidades associadas com a gestão de ativos físicos.

52. No processo dos objetivos da gestão de ativos, durante o planejamento para atingir os objetivos da gestão de ativos, a empresa deve determinar e documentar também:

A: Ações para endereçar os riscos e oportunidades, na qual podem alterar com o tempo.

B: Ações para endereçar os riscos e oportunidades, na qual não alteram com o passar do tempo.

C: Ações para endereçar os riscos, na qual podem alterar com o tempo.

D: Ações para endereçar as oportunidades, na qual podem alterar com o tempo.

53. No processo dos objetivos da gestão de ativos, durante o planejamento para atingir os objetivos da gestão de ativos, a empresa deve determinar e documentar também:

A: Ações para determinar os riscos e oportunidades, na qual podem alterar com o tempo, estabelecendo processos para identificação.

B: Ações para determinar os riscos e oportunidades, na qual podem alterar com o tempo, estabelecendo processos para avaliação.

C: Ações para determinar os riscos e oportunidades, na qual podem alterar com o tempo, estabelecendo processos para implementação e monitoramento.

D: Todas as alternativas anteriores.

54. No processo dos objetivos da gestão de ativos, a empresa deve garantir que os riscos relacionados com a gestão de ativos sejam considerados na:

A: Gestão de ativos na empresa.

B: Gestão de manutenção na empresa.

C: Gestão de riscos da empresa, incluindo o plano de contingência.

D: Gestão da qualidade, meio ambiente e segurança.

55. No processo suporte e recursos, na sequência correta, a empresa deve determinar e fornecer recursos necessários para:

A: Manter, implementar, estabelecer e melhorar continuamente o sistema de gestão de ativos.

B: Estabelecer, implementar, manter e melhorar continuamente o sistema de gestão de ativos.

C: Implementar, estabelecer, manter e melhorar continuamente o sistema de gestão de ativos.

D: Estabelecer, manter, implementar e melhorar continuamente o sistema de gestão de ativos.

56. No processo suporte e recursos, a empresa deve fornecer recursos para atender aos objetivos de gestão de ativos, e para a implantação das atividades especificadas:

A: No plano estratégico de gestão de ativos (SAMP).

B: Na política de gestão de ativos.

C: Nos planos de gestão de ativos (AMP's).

D: No sistema de gestão de ativos.

57. No processo competência pessoal, a necessidade de competência pessoal para a realização do trabalho afeta diretamente:

A: O desempenho do ativo.
B: O desempenho da gestão de ativos.
C: O resultado obtido do processo na qual o ativo atua.
D: O desempenho do ativo, da gestão de ativos e do sistema de gestão de ativos.

58. No processo competência pessoal, a base da competência das pessoas deve estar centrada na:

A: Educação de cada membro da equipe.
B: Treinamento realizado por cada membro da equipe.
C: Experiência obtida de cada membro da equipe.
D: Todas as alternativas anteriores.

59. No processo competência pessoal, as ações tomadas para a obtenção da competência necessária incluem:

A: A busca externa de pessoas competentes, como um único meio.
B: A provisão de treinamentos, de qualquer natureza, independente da atividade a ser realizada.
C: A recontratação de pessoas empregadas.
D: Nenhuma das alternativas anteriores.

60. No processo competência pessoal, a competência pode ser evidenciada através da:

A: Informação documentada e registrada.
B: Revisão periódica corrente.
C: Identificação os requisitos futuros e competência.
D: Identificação das necessidades de competência.

61. No processo consciência pessoal, a conscientização sobre a política de gestão de ativos deve estar alinhada com:

A: Os planos de gestão de ativos (AMP's).
B: O plano estratégico de gestão de ativos (SAMP).
C: Os objetivos de gestão de ativos.
D: O sistema de gestão de ativos.

62. No processo consciência pessoal, a conscientização sobre as atividades de trabalho, na qual possuem um impacto direto no atingimento dos objetivos da gestão de ativos, devem:

A: Estar associadas aos riscos inerentes as atividades.

B: Estar associadas com as oportunidades providas através das atividades.

C: Estar alinhadas com as consequências atribuídas a cada atividade realizada.

D: Estar associadas aos riscos e oportunidades inerentes a cada atividade.

63. No processo consciência pessoal, a conscientização das implicações de não conformidade deve ser sobre:

A: Os requisitos da política de gestão de ativos.

B: Os requisitos do plano estratégico da gestão de ativos.

C: Os requisitos do sistema de gestão de ativos.

D: Os requisitos do sistema de manutenção.

64. No processo da comunicação, sob o quesito comunicação, a empresa deve:

A: Determinar as necessidades internas de comunicação relevantes para a gestão de ativos, e para o sistema de gestão de ativos.

B: Determinar as necessidades internas e externas de comunicação relevantes para a gestão de ativos, e para o sistema de gestão de ativos.

C: Determinar as necessidades externas de comunicação relevantes para a gestão de ativos, e para o sistema de gestão de ativos.

D: Determinar as necessidades das partes interessadas de comunicação relevantes para a gestão de ativos, e para o sistema de gestão de ativos.

65. O processo de comunicação deve incluir:

A: O que será comunicado, quando irá ocorrer a comunicação e com quem será comunicado.

B: O que será comunicado, quando irá ocorrer a comunicação, com quem será comunicado, e como a informação será comunicada.

C: O que será comunicado e quando irá ocorrer a comunicação.

D: O que será comunicado.

66. No processo dos requisitos da informação, a empresa deve determinar seus requisitos da informação para suportar:

A: Somente o sistema de gestão de ativos.
B: A política de gestão de ativos.
C: Os planos de gestão de ativos (AMP's).
D: Os ativos, a gestão de ativos e o sistema de gestão de ativos.

67. No processo dos requisitos da informação, a empresa deve incluir uma consideração sobre:
A: O significado dos riscos identificados.
B: As regras, responsabilidades para a gestão de ativos.
C: As atividades, os procedimentos e os processos de gestão de ativos
D: Todas as alternativas anteriores.

68. No processo dos requisitos da informação, a empresa deve determinar:
A: Como e quando a informação deve ser coletada, analisada e avaliada.
B: Como e quando a informação deve ser coletada.
C: Como e quando a informação deve ser coletada e analisada.
D: Como e quando a informação deve ser coletada e avaliada.

69. No processo dos requisitos da informação, a empresa deve:
A: Especificar os processos para o gerenciamento da informação.
B: Especificar e implementar os processos para o gerenciamento da informação.
C: Especificar e manter os processos para o gerenciamento da informação.
D: Especificar, implementar e manter os processos para o gerenciamento da informação.

70. No processo dos requisitos da informação, a empresa deve determinar:
A: Os requisitos para o alinhamento da terminologia financeira relevantes para a gestão de ativos através da empresa.
B: Os requisitos para o alinhamento da terminologia financeira e não financeira relevantes para o plano estratégico da gestão de ativos (SAMP) através da empresa.
C: Os requisitos para o alinhamento da terminologia financeira e não financeira relevantes para a gestão de ativos através da empresa.
D: Os requisitos para o alinhamento da terminologia não financeira relevantes para a gestão de ativos através da empresa.

71. No processo dos requisitos da informação, a empresa deve garantir que existe:

A: Consistência entre os dados técnicos e financeiros, no atendimento aos requisitos legais e regulatórios, enquanto considera os requisitos das partes interessadas e os objetivos organizacionais.

B: Consistência entre os dados técnicos e financeiros, e outros dados relevantes não financeiros, no atendimento aos requisitos legais e regulatórios, enquanto considera os requisitos das partes interessadas e os objetivos organizacionais.

C: Consistência e rastreabilidade entre os dados técnicos e financeiros, e outros dados relevantes não financeiros, no atendimento aos requisitos legais e regulatórios, enquanto considera os requisitos das partes interessadas e os objetivos organizacionais.

D: Rastreabilidade entre os dados técnicos e financeiros, e outros dados relevantes não financeiros, no atendimento aos requisitos legais e regulatórios, enquanto considera os objetivos organizacionais.

72. No processo da informação documentada, o sistema de gestão de ativos da empresa deve incluir:

A: Uma informação documentada conforme requerida por um padrão nacional.

B: Uma informação documentada conforme requerida pelo plano estratégico de gestão de ativos (SAMP).

C: Uma informação documentada conforme requerida pelo plano diretor de manutenção.

D: Uma informação documentada conforme requerida por este padrão internacional

73. No processo da informação documentada, o sistema de gestão de ativos da empresa deve incluir:

A: Uma informação documentada para os requisitos técnicos aplicáveis.

B: Uma informação documentada para os requisitos regulatórios e legais aplicáveis.

C: Uma informação documentada para os requisitos ambientais aplicáveis.

D: Uma informação documentada para os requisitos financeiros aplicáveis.

74. No processo da informação documentada, o sistema de gestão de ativos da empresa deve incluir também:

A: Uma informação documentada determinada pela empresa, como sendo necessária para a efetividade do sistema de gestão de ativos.

B: Uma informação documentada determinada pela manutenção, como sendo necessária para a efetividade do sistema de gestão de ativos.

C: Uma informação documentada determinada pela empresa, como sendo necessária para a efetividade da política de gestão de ativos.

D: Uma informação documentada determinada pela empresa, como sendo necessária para a efetividade do plano diretor de manutenção.

75. No processo da informação documentada, a extensão da informação documentada para um sistema de gestão de ativos pode diferenciar de uma empresa para outra devido a:

A: O tamanho da empresa, o tipo de atividade, os processos, os produtos e os serviços.

B: A complexidade dos processos, dos ativos e suas interações.

C: A competência das pessoas.

D: Todas as alternativas anteriores.

76. No processo da criação e atualização da informação documentada, quando da criação e atualização da informação documentada, a empresa deve garantir apropriada:

A: Identificação, descrição, formato, mídia e aprovação para a adequação.

B: Identificação, descrição, formato, mídia e revisão para a adequação.

C: Identificação, descrição, formato, mídia, revisão e aprovação para a adequação.

D: Identificação, descrição, formato, revisão e aprovação para a adequação.

77. No processo do controle da informação documentada, a informação documentada requerida pelo sistema de gestão de ativos, e pelo padrão internacional deve ser controlada para garantir:

A: A disponibilidade e adequação para a utilização e quando for necessária, e a sua proteção adequadamente (confidencialidade, utilização imprópria ou perda da integridade).

B: A disponibilidade e adequação para a utilização, onde e quando for necessária, e a sua proteção adequadamente (confidencialidade, utilização imprópria ou perda da integridade).

C: A disponibilidade para a utilização, onde e quando for necessária, e a sua proteção adequadamente (confidencialidade, utilização imprópria ou perda da integridade).

D: A disponibilidade e adequação para a utilização, onde e quando for necessária.

78. No processo do controle da informação documentada, para o controle da informação documentada a empresa deve endereçar as seguintes atividades

A: Distribuição, acesso, recuperação e utilização.

B: Armazenagem e preservação, incluindo a preservação da legibilidade.

C: Controle das mudanças (controle da versão), e retenção e disposição.

D: Todas as alternativas anteriores.

79. No processo do controle da informação documentada, a informação documentada de origem externa

A: Determinada pelas partes interessadas, sendo necessária para o planejamento e a operação do sistema de gestão de ativos, deve ser identificada, conforme apropriado, e controlada.

B: Determinada pelas empresas externas, sendo necessária para o planejamento e a operação do sistema de gestão de ativos, deve ser identificada, conforme apropriado, e controlada.

C: Determinada pela manutenção, sendo necessária para o planejamento e a operação do sistema de gestão de ativos, deve ser identificada, conforme apropriado, e controlada.

D: Determinada pela empresa, sendo necessária para o planejamento e a operação do sistema de gestão de ativos, deve ser identificada, conforme apropriado, e controlada.

80. No processo do planejamento operacional e controle, a empresa deve:

A: Planejar, implementar e controlar os processos necessários para atender aos requisitos, e implementar as ações, os planos de gestão de ativos e as ações corretivas e preventivas.

B: Planejar, implementar os processos necessários para atender aos requisitos, e implementar as ações, os planos de gestão de ativos e as ações corretivas e preventivas.

C: Planejar, implementar e controlar os processos necessários para atender aos requisitos, e implementar as ações, os planos de gestão de ativos e as ações preventivas.

D: Planejar e controlar os processos necessários para atender aos requisitos, e implementar as ações, os planos de gestão de ativos e as ações corretivas e preventivas.

81. No processo do planejamento operacional e controle, a empresa deve planejar, implementar e controlar os processos necessários para atender aos requisitos, e implementar as ações, os planos de gestão de ativos e as ações corretivas e preventivas através:

A: Do estabelecimento de critérios para os processos requeridos.

B: Da implementação do controle dos processos de acordo com os critérios.

C: Da manutenção da informação documentada para a extensão necessária apresentar confidência e evidência que os processos foram realizados conforme planejados.

D: Todas as alternativas anteriores.

82. A gestão da mudança determina que:

A: Os riscos associados com qualquer mudança planejada, permanente ou temporária, na qual podem ter um impacto no atingimento dos objetivos da gestão de ativos, devem ser avaliados depois que a mudança seja implementada.

B: Os riscos associados com qualquer mudança planejada, permanente ou temporária, na qual podem ter um impacto no atingimento dos objetivos da gestão de ativos, devem ser avaliados antes que a mudança seja implementada.

C: Os riscos associados com qualquer mudança planejada, permanente ou temporária, na qual podem ter um impacto no atingimento dos objetivos da gestão de ativos, devem ser avaliados durante o período que a mudança seja implementada.

D: Os riscos associados com qualquer mudança planejada, na qual podem ter um impacto no atingimento dos objetivos da gestão de ativos, devem ser avaliados antes que a mudança seja implementada.

83. Com relação as atividades terceirizadas:

A: Os riscos devem ser avaliados para uma atividade específica terceirizada que possa impactar o atingimento dos objetivos da gestão de ativos.

B: Os riscos não devem ser avaliados para qualquer atividade terceirizada que possa impactar o atingimento dos objetivos da gestão de ativos.

C: Os riscos devem ser avaliados para qualquer atividade terceirizada que possa impactar o atingimento dos objetivos da gestão de ativos.

D: Os riscos devem ser avaliados para qualquer atividade terceirizada que possa impactar o atingimento dos objetivos da manutenção.

84. Com relação as atividades terceirizadas também:

A: A empresa deve determinar e documentar como estas atividades serão controladas e integradas no sistema de manutenção.

B: A empresa deve determinar e documentar como estas atividades serão integradas no sistema de gestão de ativos.

C: A empresa deve determinar e documentar como estas atividades serão controladas e integradas no sistema de gestão de ativos.

D: A empresa deve determinar e documentar como estas atividades serão controladas e integradas no sistema da qualidade.

85. No processo da terceirização, a empresa deve determinar:

A: Os processos a as atividades que são terceirizadas (incluindo o escopo, as fronteiras das atividades e dos processos terceirizados, e as suas interfaces com as atividades e os processos próprios da empresa).

B: As responsabilidades e autoridades dentro da empresa para a gestão das atividades e dos processos terceirizados.

C: Os processos e o escopo para o compartilhamento do conhecimento e da informação entre a empresa e o prestador do serviço contratado.

D: Todas as alternativas anteriores.

86. No processo de avaliação de desempenho, a empresa deve determinar:

A: O que necessita ser monitorado e medido.

B: Os métodos para o monitoramento e medição, conforme aplicável, para garantir os resultados válidos.

C: Quando o monitoramento deve ser realizado, e quando os resultados devem ser analisados.

D: Todas as alternativas anteriores.

87. No processo de avaliação de desempenho, a empresa deve avaliar e reportar:

A: O desempenho do ativo.

B: O desempenho da gestão do ativo, incluindo o desempenho financeiro e não financeiro.

C: A eficácia do sistema de gestão de ativos.

D: Todas as alternativas anteriores.

88. No processo de avaliação de desempenho, a empresa deve determinar:

A: O que necessita ser monitorado e medido.

B: Os métodos para o monitoramento, medição, análise e avaliação, conforme aplicável, para garantir os resultados válidos.

C: Quando o monitoramento deve ser realizado, e quando os resultados devem ser analisados e avaliados.

D: Todas as alternativas anteriores.

89. No processo de avaliação de desempenho, a empresa deve:

A: Avaliar e reportar a eficácia dos processos para a gestão dos riscos e das oportunidades.

B: Avaliar a eficácia dos processos para a gestão dos riscos.

C: Avaliar e reportar a eficácia dos processos para a gestão das oportunidades.

D: Reportar a eficácia dos processos para a gestão das oportunidades.

90. No processo de avaliação de desempenho, a empresa deve também:

A: Reter a informação documentada apropriada como evidência dos resultados de monitoramento.

B: Reter a informação documentada apropriada como evidência dos resultados de monitoramento, medição, análise e avaliação.

C: Reter a informação documentada apropriada como evidência dos resultados de monitoramento e medição.

D: Reter a informação documentada apropriada como evidência dos resultados de monitoramento, medição e análise.

91. No processo de auditoria interna, a empresa deve:

A: Conduzir auditorias externas em intervalos planejados, para fornecer informação para ajudar na determinação sobre o sistema de gestão de ativos, conforme os requisitos próprios da empresa para seu sistema de gestão de ativos.

B: Conduzir auditorias internas e externas em intervalos planejados, para fornecer informação para ajudar na determinação sobre o sistema de gestão de ativos, conforme os requisitos próprios da empresa para seu sistema de gestão de ativos.

C: Conduzir auditorias internas em qualquer intervalo, para fornecer informação para ajudar na determinação sobre o sistema de gestão de ativos, conforme os requisitos próprios da empresa para seu sistema de manutenção.

D: Conduzir auditorias internas em intervalos planejados, para fornecer informação para ajudar na determinação sobre o sistema de gestão de ativos, conforme os requisitos próprios da empresa para seu sistema de gestão de ativos.

92. No processo de auditoria interna, a empresa deve também:

A: Planejar e manter um programa de auditoria, incluindo a frequência, os métodos, os requisitos de planejamento e o relatório. O programa de auditoria deve levar em consideração a importância dos processos relacionados e os resultados das auditorias prévias.

B: Planejar, estabelecer, implementar e manter um programa de auditoria, incluindo a frequência, os métodos, as responsabilidades, os requisitos de planejamento e o relatório. O programa de auditoria deve levar em consideração a importância dos processos relacionados e os resultados das auditorias prévias.

C: Planejar e implementar um programa de auditoria, incluindo as responsabilidades, os requisitos de planejamento e o relatório. O programa de auditoria deve levar em consideração a importância dos processos relacionados e os resultados das auditorias.

D: Planejar um programa de auditoria, incluindo a frequência, as responsabilidades e o relatório. O programa de auditoria deve levar em consideração a importância dos processos e os resultados das auditorias prévias.

93. No processo de revisão gerencial:

A: A gerência de ativos deve revisar o sistema de gestão de ativos da empresa, em intervalos planejados, para garantir a adequação contínua e a eficácia.

B: A gerência de manutenção deve revisar o sistema de gestão de ativos da empresa, em intervalos planejados, para garantir a adequação contínua e a eficácia.

C: A alta direção deve revisar o sistema de gestão de ativos da empresa, em intervalos planejados, para garantir a adequação contínua e a eficácia.

D: A alta direção deve revisar o sistema de gestão de ativos da empresa, em intervalos aleatórios, para garantir a adequação contínua e a eficácia.

94. A revisão gerencial deve incluir uma consideração sobre:

A: O status das ações das revisões gerenciais futuras, e as mudanças no perfil dos riscos e das oportunidades.

B: As mudanças nas questões externas que são relevantes para o sistema de gestão de ativos.

C: A atividade de gestão de ativos e as oportunidades para a melhoria contínua.

D: Todas as alternativas anteriores.

95. A revisão gerencial deve incluir uma consideração sobre:

A: O status das ações das revisões gerenciais anteriores, e as mudanças no perfil dos riscos e das oportunidades.

B: As mudanças nas questões internas e externas que são relevantes para o sistema de gestão de ativos.

C: A atividade de gestão de ativos e as oportunidades para a melhoria contínua.

D: Todas as alternativas anteriores.

96. A revisão gerencial deve incluir uma consideração sobre a informação do desempenho da gestão de ativos, incluindo tendências:

A: Nas não conformidades e nas ações corretivas.

B: Nos resultados do monitoramento e das medições.

C: Nos resultados da auditoria.

D: Todas as alternativas anteriores.

97. Os resultados da revisão gerencial devem incluir:

A: Decisões relacionadas com as oportunidades de melhoria contínua, e qualquer necessidade de mudança para o sistema de gestão de ativos.

B: Decisões relacionadas com as oportunidades de melhoria contínua, e qualquer necessidade de mudança para o sistema de manutenção.

C: Decisões relacionadas com as oportunidades de melhoria contínua, e qualquer necessidade de mudança para o sistema de gestão ambiental.
D: Decisões relacionadas com as oportunidades de melhoria contínua, e qualquer necessidade de mudança para o sistema de gestão financeira.

98. Quando uma não conformidade ou um incidente ocorrer nos ativos, na gestão de ativos ou no sistema de gestão de ativos, a empresa deve:
A: Reagir para a não conformidade ou incidente, e conforme aplicável tomando ações para controlar e corrigir.
B: Lidar com as consequências.
C: Estar preparada para compreender a não conformidade, e determinar uma ação de melhoria.
D: Todas as alternativas anteriores.

99. Quando uma não conformidade ou um incidente ocorrer nos ativos, na gestão de ativos ou no sistema de gestão de ativos, a empresa também deve:
A: Avaliar a necessidade por ação, para eliminar as causas da não conformidade ou incidente, com o objetivo de que não ocorra ou seja reincidente em outro local através da revisão da não conformidade ou incidente.
B: Avaliar a necessidade por ação, para eliminar as causas da não conformidade ou incidente, com o objetivo de que não ocorra ou seja reincidente em outro local através da determinação dos sintomas da não conformidade ou incidente.
C: Avaliar a necessidade por ação, para eliminar as causas da não conformidade ou incidente, com o objetivo de que não ocorra ou seja reincidente em outro local através da determinação se outras não conformidades existem ou podem não ocorrer potencialmente.
D: Todas as alternativas anteriores.

100. Quando uma não conformidade ou um incidente ocorrer nos ativos, na gestão de ativos ou no sistema de gestão de ativos, a empresa também deve:
A: Avaliar a necessidade por ação, para eliminar as causas da não conformidade ou incidente, com o objetivo de que não ocorra ou seja reincidente em outro

local através da revisão da não conformidade ou incidente.

B: Avaliar a necessidade por ação, para eliminar as causas da não conformidade ou incidente, com o objetivo de que não ocorra ou seja reincidente em outro local através da determinação das causas da não conformidade ou incidente.

C: Avaliar a necessidade por ação, para eliminar as causas da não conformidade ou incidente, com o objetivo de que não ocorra ou seja reincidente em outro local através da determinação se outras não conformidades similares existem ou podem ocorrer potencialmente.

D: Todas as alternativas anteriores.

101. Quando uma não conformidade ou um incidente ocorrer nos ativos, na gestão de ativos ou no sistema de gestão de ativos, a empresa também deve:

A: Implementar qualquer ação necessária.

B: Revisar a eficácia de qualquer ação corretiva tomada.

C: Realizar mudanças, se necessário, para o sistema de gestão de ativos.

D: Todas as alternativas anteriores.

102. No processo de melhoria, a empresa deve:

A: Reter a informação documentada como evidência da natureza da não conformidade ou incidente, e qualquer ação subsequente tomada, e também dos resultados de qualquer ação preventiva.

B: Reter a informação documentada como evidência da natureza da não conformidade ou incidente, e qualquer ação subsequente tomada, e também dos resultados de qualquer ação corretiva.

C: Reter a informação documentada como evidência da natureza da não conformidade ou incidente, e qualquer ação subsequente tomada, e também dos resultados de qualquer ação planejada.

D: Reter a informação documentada como evidência da natureza da não conformidade ou incidente, e qualquer ação subsequente tomada, e também dos resultados de qualquer ação preditiva.

103. No processo de ação preventiva, a empresa deve:

A: Estabelecer processos para identificar proativamente as falhas potenciais no desempenho dos ativos, e avaliar as necessidades para a ação corretiva.

B: Estabelecer processos para identificar proativamente as falhas potenciais no desempenho dos ativos, e avaliar as necessidades para a ação preventiva.

C: Estabelecer processos para identificar reativamente as falhas potenciais no desempenho dos ativos, e avaliar as necessidades para a ação preventiva.

D: Estabelecer processos para identificar proativamente as falhas funcionais no desempenho dos ativos, e avaliar as necessidades para a ação preventiva.

104. No processo de melhoria contínua, a empresa deve:

A: Melhorar continuamente a adequação e a eficácia da gestão da manutenção e do sistema da qualidade.

B: Melhorar continuamente a adequação e a eficácia da gestão da qualidade e do sistema financeiro.

C: Melhorar continuamente a adequação e a eficácia da gestão de ativos e do sistema de gestão de ativos.

D: Melhorar continuamente a adequação e a eficácia da gestão de ativos e do sistema de gestão financeira.

105. Qual princípio abaixo não pertence a gestão de ativos descrito na ISO-55000?

A: Ativos existem para fornecer valor para a empresa e partes interessadas.

B: Liderança e cultura do local de trabalho não são determinantes na percepção de valor.

C: Gestão de ativos transforma a intenção estratégica em tarefas, decisões, atividades técnicas e financeiras.

D: Gestão de ativos fornece garantia de que os ativos vão cumprir e desempenhar a sua função.

106. Nos padrões da gestão de ativos, o papel do setor de engenharia de projetos é:

A: Realizar o projeto mais econômico (CAPEX) para a empresa, independente das informações entregues juntamente com os novos ativos físicos instalados.

B: Praticar os conceitos do "controle inicial", na entrega dos ativos físicos com a melhor qualidade de todas as informações, considerando a lista técnica dos principais sobressalentes, os desenhos, os manuais e o cadastro dos equipamentos ao nível dos componentes críticos no sistema de gestão informatizado de manutenção.

C: Realizar o projeto mais dispendioso (CAPEX) para a empresa, independente das informações entregues juntamente com os novos ativos físicos instalados.

D: Todas as alternativas anteriores.

107. Nos padrões da gestão de ativos, o papel do setor de suprimentos é:

A: Adquirir os materiais sobressalentes mais baratos no mercado fornecedor, independente da qualificação do fabricante e/ou distribuidor.

B: Sempre buscar a opção de fornecedores alternativos, visando a garantia de fornecimento, priorizando esta ação, quando comparada com a melhor aplicação do material no processo produtivo.

C: Estar constantemente alinhado com o impacto da qualidade do material no processo produtivo, e buscar sempre a melhor alternativa de fornecimento, aliando qualidade, prazo e custo.

D: Todas as alternativas acima.

108. Responda na tabela abaixo, se cada frase é "Verdadeira (V)", ou é "Falsa (F)"?

O potencial de ganho nos padrões da gestão de ativos é de:

	Frase Afirmativa	V	F
1	Até 10% na redução dos custos com o inventário de materiais.		
2	Até 50% na produtividade das equipes de manutenção.		
3	Até 45% na redução dos custos com a contratação de terceiros		
4	Até 30% na redução da ocorrência das falhas funcionais.		
5	Até 60% na redução dos tempos de reparos nos ativos.		
6	Até 30% na redução dos custos totais de manutenção.		
7	Até 40% na disponibilidade dos ativos.		
8	Até 10% na redução do valor do prêmio do seguro.		
9	Até 20% nas horas de capacitação dos colaboradores.		

109. Na frase abaixo, explique o significado das 2 palavras "Manutenção" que aparecem no texto?

*"Um programa de **manutenção** só terá êxito se as equipes de **manutenção** e operação trabalharem em conjunto."*

"Manutenção 1": ______________________________

____

"Manutenção 2": ______________________________

____

110. Gestão de Ativos:

Relacionar os conceitos essenciais de gestão de ativos:

1	Holístico		Definir prioridade nos recursos e despesas para os riscos identificados, e a relação custo x benefício associada.
2	Sistemático		Combinação dos atributos para atingir o valor.
3	Sistêmico		Relação de diferentes ativos, e por todo o ciclo de vida.
4	Baseado no Risco		Compromisso com o melhor valor entre o risco, custo e desempenho, durante o ciclo de vida.
5	Ótimo		Uma abordagem metódica, repetida, consistente e auditável.
6	Sustentável		Consequências de longo prazo das atividades de curto prazo, nos aspectos econômico, ambiental e social.
7	Integrado		O ativo no seu sistema, otimizando o valor (incluindo o desempenho, custo e risco sustentáveis).

QRCODE DO SIMULADO COM 110 QUESTÕES

http://www.jwb.com.br/baixar_file.php?id_arquivo=199

BRAIDOTTI Simulado - ISO-55001 - Planilha de Respostas

Questão	Resposta	Questão	Resposta	Questão	Resposta	Questão	Resposta
1		31		61		91	
2		32		62		92	
3		33		63		93	
4		34		64		94	
5		35		65		95	
6		36		66		96	
7		37		67		97	
8		38		68		98	
9		39		69		99	
10		40		70		100	
11		41		71		101	
12		42		72		102	
13		43		73		103	
14		44		74		104	
15		45		75		105	
16		46		76		106	
17		47		77		107	
18		48		78		108	
19		49		79		109	
20		50		80		110	
21		51		81			
22		52		82			
22		52		82			
23		53		83			
24		54		84			
25		55		85			
26		56		86			
27		57		87			
28		58		88			
29		59		89			
30		60		90			
108	1	2	3	4	5	6	7
	8	9					
				109	1		
					2		

Capítulo 12

Modelo de Avaliação Simplificada para a Gestão de Ativos

"Os KPI's não devem ser utilizados como ponto de chegada, mas devem ser tratados como ponto de partida para as ações de melhoria a serem implantadas, nos processos que estão sendo medidos".

José Wagner Braidotti

Entendendo a importância da Gestão de Ativos para as empresas, estamos disponibilizando uma ferramenta de avaliação simplificada, no sentido de facilitar, de uma maneira rápida, uma análise situacional das principais questões vinculadas a Gestão de Ativos.

Você irá encontrar um "***QR Code***" abaixo, com o qual poderá baixar a ferramenta original de avaliação simplificada diretamente do nosso site.

Segue abaixo um modelo da ferramenta de avaliação simplificada, em branco:

ISO-55001 - Visão Geral e Avaliação Simplificada

Esta ferramenta fornece uma fotografia do quão alinhado o seu sistema de gestão de ativos está com a série de normas da ISO 55000. A auto-avaliação contém afirmações que representam conceitos críticos das normas ISO 55001, agrupadas por seções da norma. Para cada afirmação você deve atribuir um valor na coluna de "pontuação do critério" na qual varia entre as pontuações 1, 3 ou 5. O resultado de sua avaliação será calculado automaticamente.

Pontuação 1: Nenhuma evidência / 3: Alguma evidência / 5: Evidência consistente

Item	Seções e Conceitos da ISO 55001	Pontuação Bruta (1,3,5)	Pontuação da Avaliação (0-100%)
Item	**Seção 4: Contexto**	Pontuação do Critério	
1	A organização está alinhada com os requisitos e expectativas dos *stakeholders* internos e externos.		
2	A organização desenvolve objetivos de gestão de ativos para atender aos requerimentos dos		
3	A organização garante que os objetivos da gestão de ativos estão alinhados com os objetivos		0%
4	A organização determina os critérios para a tomada de decisão da gestão de ativos.		
5	A organização estabelece um processo de melhoria contínua para o sistema de gestão de ativos.		
	Seção 5: Liderança	Pontuação do Critério	
6	A alta direção demonstra liderança e comprometimento com o sistema de gestão de ativos.		
7	A alta direção desenvolve uma política de gestão de ativos que é apropriada às necessidades da		
8	A política de gestão de ativos foi comunicada junto à organização e aos *stakeholders*.		
9	A alta direção atribui a responsabilidade e autoridade para a criação e atualização do Planejamento Estratégico da Gestão de Ativos (SAMP), objetivos da Gestão de Ativos (AM) e os Planos da Gestão		0%
10	A alta direção atribui a responsabilidade e autoridade para garantir a adequação e a efetividade do sistema de gestão de ativos, e garante que o mesmo apoia os resultados do SAMP em conformidade com os requisitos da ISO-55001.		
	Seção 6: Planejamento	Pontuação do Critério	
11	Os processos e métricas dos negócios da gestão de ativos existem para garantir que os resultados desejáveis do sistema de gestão de ativos sejam alcançados e que os efeitos indesejados sejam		
12	A organização monitoria regulamente a eficácia das ações e os processos para lidar com os riscos e as oportunidades.		
13	A organização tem estabelecido e documentado os objetivos da gestão de ativos, para alinhar com o atingimento dos objetivos organizacionais e a política de gestão de ativos.		0%
14	A organização tem estabelecido e documentado seu planejamento de processos, métodos e critérios de decisão para desenvolver os planos de gestão de ativos, para atingir os objetivos da gestão de		
15	A organização pode demonstrar que os planos levam em conta os riscos e as oportunidades, incluindo aqueles que podem mudar com o tempo, e que eles estão integrados e alinhados com outros planos organizacionais relevantes.		
	Seção 7: Suporte	Pontuação do Critério	
16	A organização pode desmonstrar que avalia e fornece recursos adequados para estabelecer, manter e melhorar o sistema de gestão de ativos.		
17	A organização possui uma abordagem totalmente desenvolvida e dedicada para identificar os requisitos de recursos para alcançar os objetivos da gestão de ativos, e que os planos possam ser desmonstrados e alinhados aos recursos.		
18	A organização possui processos para identificar os requisitos de competência para as atividades de gestão de ativos bem como avaliar a competência de recursos internos e externos.		
19	As pessoas que executam seu trabalho estão cientes por que é importante a conformidade com o sistema de gestão de ativos e seus processos; o que pode ser considerado não conformidade e as implicações das não conformidades.		0%
20	A organização determina as necessidades de comunicações internas e externas a respeito do desempenho dos ativos e do sistema de gestão de ativos.		
21	Toda a informação identificada como requerida pelos propósitos da gestão de ativos é definida, juntamente com os recursos, requisitos de garantia de qualidade e os processos para a gestão da		
22	A organização possui um sistema de gestão de ativos que é documentado para corresponder às necessidades e o contexto da empresa, e que irá garantir a sua efetividade.		
23	A informação requerida para os propósitos de gestão de ativos está disponível e adequada para uso onde e quando requerida.		
	Seção 8: Operação	Pontuação do Critério	
24	O processos são estabelecidos para controlar a implementação dos planos de gestão de ativos, as ações para orientar os riscos e as oportunidades, e as ações corretivas e preventivas para orientar as		
25	O planejamento operacional e a entrega dos processos estão sendo controlados de acordo com os critérios especificos.		
26	As mudanças que impactam o sistema de gestão de ativos estão sendo identificadas e assistidas, antes que uma mudança seja realmente implementada.		0%
27	A organização realiza o controle enquanto implementa as mudanças planejadas, monitora as consequências e toma atitudes para mitigar os efeitos adversos.		
28	A organização possui um processo definido de gestão de riscos, que garante que os processos e as atividades terceirizadas são controlados de maneira consistente aos objetivos da gestão de ativos, e são integrados ao sistema de gestão de ativos da organização.		
	Seção 9: Avaliação de Desempenho	Pontuação do Critério	
29	A organização determina quem são os *stakeholders* e seus requisitos levando em conta o sistema de gestão de ativos.		
30	A organização estabelece quais ativos precisam ser monitorados / mensurados, para determinar se os resultados esperados estão sendo atingidos em seu sistema de gestão de ativos.		
31	A organização determina quais os dados e informações a serem analisadas e avaliadas, possibilitando o reporte do atingimento ou não dos resultados do sistema de gestão de ativos.		0%
32	A organização possui um processo definido para desenvolvimento de seu programa de auditorias, sendo que o mesmo pode avaliar se o sistema de gestão de ativos foi implementado conforme os		
33	A alta direção pode demonstrar que uma abordagem sistemática foi adotada para garantir que as informações relevantes para a revisão da gestão, podem ser identificadas e disponibilizadas.		

	Seção 10: Melhorias	Pontuação do Critério	
34	A organização possui processos e recursos disponíveis que permitam reagir apropriadamente às não conformidade ou incidentes, os quais podem ocorrer com seus ativos, ou com o sistema de gestão		0%
35	A organização tem bom conhecimento dos processos para investigar não conformidades ou incidentes, a fim de determinar suas causas e se não conformidades similares podem existir ou		
36	Existem processos efetivos para implementar ações resultantes da avaliação de não conformidades em tempo apropriado, incluindo as mudanças no sistema de gestão de ativos.		
37	A organização possui meios apropriados de monitoramento dos ativos e do sistema de ativos a fim de identificar falhas potenciais no desempenho.		
38	A organização pode demonstrar que a aptidão, adequação e efetividade do seu sistema de gestão de ativos está sendo melhorada continuamente através de seus processos de monitoramento e avaliação, revisões da alta direção, pela existência dos objetivos da gestão de ativos e as ações		
	ISO-55001 - Visão Geral e Avaliação Simplificada		**0%**
	O resultado global da auto-avaliação pode ajudar a entender como está o estado atual das práticas de gestão de ativos da sua organização, e como é possível a comparação com as expectativas compreensíveis inclusas na norma. Relacione a cor do seu resultado com a descrição abaixo. Caso você tenha interesse em receber um laudo padronizado realizado pelos nossos especialistas, por favor, envie o resultado desta Avaliação Simplificada para: jwb@jwb.com.br		
	Vermelho – Riscos relacionados aos ativos não são entendidos ou geridos.		
	Amarelo – Riscos relacionados aos ativos são entendidos mas não geridos.		
	Verde – A companhia possui uma fundação sólida sobre como construir um Sistema de Gestão de Ativos compatível com a norma.		

Fonte: LCE - Life Cycle Engineering

Segue abaixo um modelo da ferramenta de avaliação simplificada, preenchido como exemplo:

Item	ISO-55001 - Visão Geral e Avaliação Simplificada		
	Esta ferramenta fornece uma fotografia do quão alinhado o seu sistema de gestão de ativos está com a série de normas da ISO 55000. A auto-avaliação contém afirmações que representam conceitos críticos das normas ISO 55001, agrupadas por seções da norma. Para cada afirmação você deve atribuir um valor na coluna de "pontuação do critério" na qual varia entre as pontuações 1, 3 ou 5. O resultado de sua avaliação será calculado automaticamente.		
	Pontuação 1: Nenhuma evidência / 3: Alguma evidência / 5: Evidência consistente		
	Seções e Conceitos da ISO 55001	**Pontuação Bruta (1,3,5)**	**Pontuação da Avaliação (0-100%)**
Item	**Seção 4: Contexto**	**Pontuação do Critério**	
1	A organização está alinhada com os requisitos e expectativas dos *stakeholders* internos e externos.	3	68%
2	A organização desenvolve objetivos de gestão de ativos para atender aos requerimentos dos *stakeholders*.	1	
3	A organização garante que os objetivos da gestão de ativos estão alinhados com os objetivos organizacionais.	3	
4	A organização determina os critérios para a tomada de decisão da gestão de ativos.	5	
5	A organização estabelece um processo de melhoria contínua para o sistema de gestão de ativos.	5	
	Seção 5: Liderança	**Pontuação do Critério**	
6	A alta direção demonstra liderança e comprometimento com o sistema de gestão de ativos.	3	44%
7	A alta direção desenvolve uma política de gestão de ativos que é apropriada às necessidades da organização.	1	
8	A política de gestão de ativos foi comunicada junto à organização e aos *stakeholders*.	3	
9	A alta direção atribui a responsabilidade e autoridade para a criação e atualização do Planejamento Estratégico da Gestão de Ativos (SAMP), objetivos da Gestão de Ativos (AM) e os Planos da Gestão de Ativos (AMP).	1	
10	A alta direção atribui a responsabilidade e autoridade para garantir a adequação e a efetividade do sistema de gestão de ativos, e garante que o mesmo apoia os resultados do SAMP em conformidade com os requisitos da ISO-55001.	3	
	Seção 6: Planejamento	**Pontuação do Critério**	
11	Os processos e métricas dos negócios da gestão de ativos existem para garantir que os resultados desejáveis do sistema de gestão de ativos sejam alcançados e que os efeitos indesejados sejam mitigados.	3	60%
12	A organização monitoria regularmente a eficácia das ações e os processos para lidar com os riscos e as oportunidades.	5	
13	A organização tem estabelecido e documentado os objetivos da gestão de ativos, para alinhar com o atingimento dos objetivos organizacionais e a política de gestão de ativos.	1	
14	A organização tem estabelecido e documentado seu planejamento de processos, métodos e critérios de decisão para desenvolver os planos de gestão de ativos, para atingir os objetivos da gestão de ativos.	3	
15	A organização pode demonstrar que os planos levam em conta os riscos e as oportunidades, incluindo aqueles que podem mudar com o tempo, e que eles estão integrados e alinhados com outros planos organizacionais relevantes.	3	
	Seção 7: Suporte	**Pontuação do Critério**	
16	A organização pode desmonstrar que avalia e fornece recursos adequados para estabelecer, manter e melhorar o sistema de gestão de ativos.	5	80%
17	A organização possui uma abordagem totalmente desenvolvida e dedicada para identificar os requisitos de recursos para alcançar os objetivos da gestão de ativos, e que os planos possam ser desmonstrados e alinhados aos recursos.	5	
18	A organização possui processos para identificar os requisitos de competência para as atividades de gestão de ativos bem como avaliar a competência de recursos internos e externos.	3	
19	As pessoas que executam seu trabalho estão cientes por que é importante a conformidade com o sistema de gestão de ativos e seus processos; o que pode ser considerado não conformidade e as implicações das não conformidades.	5	
20	A organização determina as necessidades de comunicações internas e externas a respeito do desempenho dos ativos e do sistema de gestão de ativos.	5	
21	Toda a informação identificada como requerida pelos propósitos da gestão de ativos é definida, juntamente com os recursos, requisitos de garantia de qualidade e os processos para a gestão da informação.	3	
22	A organização possui um sistema de gestão de ativos que é documentado para corresponder às necessidades e o contexto da empresa, e que irá garantir a sua efetividade.	3	
23	A informação requerida para os propósitos de gestão de ativos está disponível e adequada para uso onde e quando requerida.	3	

	Seção 8: Operação	Pontuação do Critério	
24	O processos são estabelecidos para controlar a implementação dos planos de gestão de ativos, as ações para orientar os riscos e as oportunidades, e as ações corretivas e preventivas para orientar as não conformidades.	1	20%
25	O planejamento operacional e a entrega dos processos estão sendo controlados de acordo com os critérios específicos.	1	
26	As mudanças que impactam o sistema de gestão de ativos estão sendo identificadas e assistidas, antes que uma mudança seja realmente implementada.	1	
27	A organização realiza o controle enquanto implementa as mudanças planejadas, monitora as consequências e toma atitudes para mitigar os efeitos adversos.	1	
28	A organização possui um processo definido de gestão de riscos, que garante que os processos e as atividades terceirizadas são controlados de maneira consistente aos objetivos da gestão de ativos, e são integrados ao sistema de gestão de ativos da organização.	1	
	Seção 9: Avaliação de Desempenho	**Pontuação do Critério**	
29	A organização determina quem são os *stakeholders* e seus requisitos levando em conta o sistema de gestão de ativos.	5	84%
30	A organização estabelece quais ativos precisam ser monitorados / mensurados, para determinar se os resultados esperados estão sendo atingidos em seu sistema de gestão de ativos.	5	
31	A organização determina quais os dados e informações a serem analisadas e avaliadas, possibilitando o reporte do atingimento ou não dos resultados do sistema de gestão de ativos.	3	
32	A organização possui um processo definido para desenvolvimento de seu programa de auditorias, sendo que o mesmo pode avaliar se o sistema de gestão de ativos foi implementado conforme os requisitos.	3	
33	A alta direção pode demonstrar que uma abordagem sistemática foi adotada para garantir que as informações relevantes para a revisão da gestão, podem ser identificadas e disponibilizadas.	5	
	Seção 10: Melhorias	**Pontuação do Critério**	
34	A organização possui processos e recursos disponíveis que permitam reagir apropriadamente às não conformidade ou incidentes, os quais podem ocorrer com seus ativos, ou com o sistema de gestão de ativos.	5	84%
35	A organização tem bom conhecimento dos processos para investigar não conformidades ou incidentes, a fim de determinar suas causas e se não conformidades similares podem existir ou potencialmente ocorrer.	3	
36	Existem processos efetivos para implementar ações resultantes da avaliação de não conformidades em tempo apropriado, incluindo as mudanças no sistema de gestão de ativos.	5	
37	A organização possui meios apropriados de monitoramento dos ativos e do sistema de ativos a fim de identificar falhas potenciais no desempenho.	5	
38	A organização pode demonstrar que a aptidão, adequação e efetividade do seu sistema de gestão de ativos está sendo melhorada continuamente através de seus processos de monitoramento e avaliação, revisões da alta direção, pela existência dos objetivos da gestão de ativos e as ações definidas para a melhoria do sistema.	3	
	ISO-55001 - Visão Geral e Avaliação Simplificada		**63%**

O resultado global da auto-avaliação pode ajudar a entender como está o estado atual das práticas de gestão de ativos da sua organização, e como é possível a comparação com as expectativas compreensíveis inclusas na norma. Relacione a cor do seu resultado com a descrição abaixo. Caso você tenha interesse em receber um laudo padronizado realizado pelos nossos especialistas, por favor, envie o resultado desta Avaliação Simplificada para: jwb@jwb.com.br

	Vermelho – Riscos relacionados aos ativos não são entendidos ou geridos.
	Amarelo – Riscos relacionados aos ativos são entendidos mas não geridos.
	Verde – A companhia possui uma fundação sólida sobre como construir um Sistema de Gestão de Ativos compatível com a norma.

Fonte: LCE - Life Cycle Engineering

QRCODE DA AVALIAÇÃO SIMPLIFICADA

http://www.jwb.com.br/baixar_file.php?id_arquivo=202

Capítulo 13

Questões sobre a Gestão de Ativos

"A Excelência Empresarial passa, necessariamente, pela Excelência da Gestão. A Excelência da Gestão passa, necessariamente pela Gestão de Ativos".

Alan Kardec

1. Explique a relação direta que existe entre a frequência das intervenções de manutenção e os modos de falhas dos ativos físicos? (Ativo Físico).

2. Como determinar uma meta (KPI) para o resultado de um processo, se não existe um padrão de trabalho documentado e sistematizado, o qual apoia a realização das tarefas, com a melhor gestão dos riscos, que levam ao cálculo do KPI? (Ativo da Informação).

3. Explique a relação direta que existe entre a definição da correta prioridade do serviço a ser executado e a produtividade das equipes de manutenção. (Ativo Humano).

4. Explique a relação direta que existe entre o compromisso de cumprir a correta "Função Planejamento" e a estratégia da implantação da manutenção baseada na condição através do monitoramento dos ativos físicos. (Ativo Financeiro).

5. Explique a constante oportunidade (pressão) de melhoria do resultado gerado pelas práticas de manutenção, quando se conhece a quantidade de informação (experiência) represada nos ativos humanos especialistas.

6. Explique a relação direta que existe entre a entrega da informação da condição do ativo físico no tempo correto, na entrega da melhor estratégia da manutenção. (Ativo da Informação).

7. Explique qual é o impacto nos custos envolvidos, na fase de CAPEX, quando não há uma participação efetiva da manutenção no projeto de ativos físicos.

8. Explique qual é o impacto nos custos envolvidos, na fase de OPEX, quando não há uma participação efetiva da manutenção no projeto de ativos físicos.

9. Qual é a relação existente entre a evolução de uma falha potencial com o tempo de chegada das peças de reposição no local de trabalho?

10. Explique por que a Gestão de Ativos não é o mesmo que a gestão da manutenção.

11. Explique o significado distinto da palavra que se repete na frase abaixo: "Um programa de **manutenção** só terá êxito se as equipes de **manutenção** e operação trabalharem em conjunto".

12. Explique por que a modalidade da Manutenção Baseada na Condição (CBM), proveniente das Inspeções Periódicas, é mais econômica quando comparada com a Manutenção Preventiva Sistemática no Tempo (TBM).

Enviar as suas respostas para: jwb@jwb.com.br

Impressão e acabamento
Gráfica da Editora Ciência Moderna Ltda.
Tel: (21) 2201-6662